D1923051

Chemie 1

Lösungsband

Berlin / Brandenburg

C.C. Buchner

Chemie
Berlin/Brandenburg
Herausgegeben von Claudia Bohrmann-Linde, Simone Kröger, Ilona Siehr

Chemie 1 – Berlin/Brandenburg Lösungsband
Bearbeitet von Claudia Bohrmann-Linde, Nina Heldt, Matthias Jachan, Tobias Jung, Marianne Karohs, Christian Karus, Simone Kröger, Klaus-Dieter Krüger, Ilona Siehr und Jochen Woller

1. Auflage, 1. Druck 2017
Alle Drucke dieser Auflage sind, weil untereinander unverändert, nebeneinander benutzbar.

Dieses Werk folgt der reformierten Rechtschreibung und Zeichensetzung. Ausnahmen bilden Texte, bei denen künstlerische, philologische oder lizenzrechtliche Gründe einer Änderung entgegenstehen.

© 2017 C.C. Buchner Verlag, Bamberg
Das Werk und seine Teile sind urheberrechtlich geschützt. Jede Nutzung in anderen als den gesetzlich zugelassenen Fällen bedarf der vorherigen schriftlichen Einwilligung des Verlags. Das gilt insbesondere auch für Vervielfältigungen, Übersetzungen und Mikroverfilmungen. Hinweis zu § 52 a UrhG: Weder das Werk noch seine Teile dürfen ohne eine solche Einwilligung eingescannt und in ein Netzwerk eingestellt werden.
Dies gilt auch für Intranets von Schulen und sonstigen Bildungseinrichtungen.

Layout und Satz: Wildner+Designer GmbH, Fürth
Umschlag: Petra Michel, Essen
Druck und Bindung: creo Druck & Medienservice GmbH, Bamberg

www.ccbuchner.de

ISBN 978-3-661-**05003**-4

INHALT

Hinweis: Die Lösungen zu „Startklar?“ und „Ziel erreicht?“ stehen im Schulbuch auf den Seiten 300 bis 311.

FACHMETHODE: Sicher experimentieren im Chemieunterricht

A AUFGABEN

Schulbuchseite 15

A1

A2

Mädchen links:

- Die Kleidung ist an den Ärmeln zu weit.
  Eng anliegende Kleidung sollte getragen werden, damit die Ärmel nicht in eine Flamme geraten und brennen können, vgl. Regel 6.
- Die Schutzbrille ist nicht aufgesetzt.
  Die Schutzbrille muss immer als Erstes aufgesetzt werden, um Augenverletzungen zu vermeiden, vgl. Regel 3.
- Die Reagenzglasöffnung ist in Richtung der Nachbarin gehalten.
  Die Reagenzglasöffnung darf nie in Richtung einer Person zeigen, sondern muss immer auf unbelebte Gegenstände gerichtet sein, um Verbrennungen oder Augenverletzungen auszuschließen, vgl. Regel 4.

Mädchen in der Mitte:

- Die Haare sind nicht zusammengebunden.
  Haare müssen nach hinten zusammengebunden werden, damit sie nicht in die Flamme oder in Kontakt mit Chemikalien geraten können, vgl. Regel 6.
- Chemikalien werden mit den Händen berührt.
  Chemikalien dürfen nie berührt werden, da sie sonst verunreinigt würden, auch können sie gesundheitsschädlich sein, vgl. Regel 5 und Regel 10.
- Ein Reagenzglas wird mit den bloßen Händen in die Flamme gehalten.
  Ein Reagenzglas muss immer mit einer Reagenzglasklammer gehalten werden, um Verbrennungen zu vermeiden, vgl. Regel 5.

Junge:

- Eine Geschmacksprobe wird durchgeführt.
  Es sollten andere Eigenschaften zur Charakterisierung eines Stoffes herangezogen werden, da von vielen Substanzen ein Gefährdungspotenzial für Menschen ausgeht, vgl. Regel 5.
- Die Schultasche und Lebensmittel liegen auf dem Tisch.
  Taschen und andere Gegenstände müssen unter den Tisch gestellt werden, damit sie weder Feuer fangen noch verunreinigt werden. Lebensmittel gehören in die Tasche, da sie sonst mit gesundheitsschädlichen oder giftigen Stoffen in Kontakt kommen können, vgl. Regel 2 und 6.

Weiteres:

- Gefährliche Stoffe stehen nahe der Tischkante.
  Chemikaliengefäße müssen stets in die Mitte des Tisches stehen, damit sie nicht versehentlich mit dem Arm heruntergerissen werden.
- Flaschen, denen Chemikalien entnommen wurden, sind nicht wieder verschlossen worden.
  Chemikaliengefäße müssen stets verschlossen sein, damit sie im Falle eines Umkippens nicht sofort auslaufen.
- Ausgelaufene und verschüttete Chemikalien sind nicht beseitigt.
  Verschüttete Chemikalien müssen sofort vom Lehrer beseitigt werden, damit keine anderen Dinge verunreinigt werden, vgl. Regel 9.
- Ein Apfel liegt auf dem Tisch.
  Im Chemieraum dürfen keine Lebensmittel, die noch gegessen werden sollen, auf die Arbeitsfläche gelegt werden, da eine Verunreinigung der Lebensmittel mit Chemikalien, die gesundheitsschädlich oder giftig sind, nicht ausgeschlossen werden kann.

FACHMETHODE: Erhitzen mit dem Brenner

A AUFGABEN

Schulbuchseite 17

A1 a) Der Eisennagel kann mit der nichtleuchtenden (rauschenden) Flamme erhitzt werden, da Eisen einen sehr hohen Schmelzpunkt hat. b) Zucker sollte mit der leuchtenden oder mit ganz schwacher, nichtleuchtender Flamme erhitzt werden, da er sehr schnell schmilzt und verkohlt.

A2 Zuerst wird eine Apparatur wie in B5, Schulbuchseite 17, aufgebaut. Dann werden 200 mL Wasser in ein Becherglas gefüllt, einige Siedesteine ins Wasser gegeben und ein Thermometer oder ein Messfühler wird in das Wasser gestellt. Nun wird der Brenner entzündet und mit dem Thermometer oder Messfühler wird die Temperatur überprüft.

A3

a) Rühren ist möglich. Dabei darf aber nicht von oben in das Becherglas geschaut werden. Auch muss man beim Rühren aufpassen, dass die Hände nicht zu nah an die Brennerflamme kommen. Die Temperatur der Brennerflamme sollte beim Rühren gesenkt werden.

b) Auf keinen Fall darf Brennspiritus direkt mit dem Brenner erhitzt werden. Brennspiritus muss im Wasserbad vorsichtig (indirekt) erwärmt werden, weil es leicht brennbar ist.

c) Das bloße Hinter-die-Ohren-Klemmen von Haaren ist gefährlich. Die Haare können nach vorn fallen und in die Brennerflamme kommen. Es muss unbedingt ein Haargummi oder eine Spange verwendet werden.

VERSUCHE UND MATERIAL

V AUSWERTUNG

Schulbuchseite 18

V1

V2

a) Puderzucker, Natron, Gips, Mehl und PULVER X sind alles weiße Feststoffe. Sie unterscheiden sich in der Größe und Form ihrer Kristalle bzw. Partikel, was mit der Lupe oder unter einem Mikroskop gut sichtbar wird.

b) Offene Antworten. Reibt man Kandiszucker sehr fein, sieht er Puderzucker sehr ähnlich, der durch Reiben größerer Zuckerkristalle gewonnen wird.

c) Offene Antworten. Mögliches Beispiel: Benennung nach Größe sehr großer, großer, mittelgroßer bzw. kleiner Kristallzucker oder grober, feiner bzw. sehr feiner Kristallzucker.

V AUSWERTUNG

Schulbuchseite 19

V3

a) Puderzucker in Wasser: Es entsteht eine klare, farblose Lösung.
Natron in Wasser: Natron sinkt zu Boden und verändert sich zunächst nicht sichtbar. Nach längerem Stehenlassen löst es sich zum größten Teil im Wasser.
Gips in Wasser: Das weiße Pulver, das in einen Überschuss Wasser gegeben wird, löst sich nicht sichtlich, sondern sinkt zu Boden. (Bei Zugabe größerer Mengen Gips kann man eine leichte Erwärmung des Wassers spüren.)
Mehl in Wasser: Es bildet sich eine trübe Suspension, nach einiger Zeit sinkt das Mehl zu Boden.
PULVER X in Wasser: Beobachtungen je nach Wahl von PULVER X durch die Lehrkraft.

b) *Hinweis*: Da die Lehrkraft frei einen Stoff als PULVER X auswählen kann, bleiben im Folgenden bei PULVER X einige Informationen offen.

Eigenschaften	Mehl	Puderzucker	Natron	Gips	PULVER X
Farbe	weiß	weiß	weiß	weiß	weiß
Geruch	geruchlos	geruchlos	geruchlos	geruchlos	geruchlos
Kristallform	Partikel ohne regelmäßige Form	keine erkennbaren Kristalle	kantige Kristalle	z.T. schuppige Kristalle	
Aggregat-zustand	fest	fest	fest	fest	fest
Löslichkeit in Wasser	nicht löslich	gut löslich	mäßig gut löslich, nach einiger Zeit löst sich ein Teil des Natrons	nicht löslich	

c) Offene Antworten, je nach ausgeteiltem PULVER X.

d) Offen Antworten, z.B.: Ein oder mehrere Stoffe können ausgeschlossen werden, wenn z.B. PULVER X gut löslich in Wasser ist. In diesem Fall müsste es sich um Puderzucker handeln. Entsteht beim Erhitzen Karamellgeruch, spräche das ebenfalls für das Vorliegen von Puderzucker. Würde sich PULVER X beim Erhitzen braun verfärben und sich nicht lösen, könnte man alle Stoffe außer Mehl ausschließen.

V AUSWERTUNG
Schulbuchseite 19

V4

a) Ergänzung der Tabelle zu Auswertung b) zu **V3**:

Eigenschaften	Mehl	Puderzucker	Natron	Gips	PULVER X
Verhalten bei Erhitzen	Mehl verkohlt und im Reagenzglas bildet sich nach einiger Zeit des Erhitzens am oberen Innenrand ein farbloses Kondensat.	Puderzucker bildet braune Schmelze, die sich bei weiterem Erhitzen schwarz und porös verfestigt.	Beim Erhitzen zersetzt sich Natron zu einem Gas, einer sich am oberen Reagenzglasrand absetzenden, farblosen Flüssigkeit und einem weißen Feststoff. Natron zerfällt in Natriumcarbonat, Kohlenstoffdioxid und Wasser.	Zunächst zeigt Gips keine Veränderung, bei starkem Erhitzen bildet sich am oberen Reagenzglasrand eine farblose Flüssigkeit. Ein weißer Feststoff verbleibt im Reagenzglas.	
Geruch nach Erhitzen	nach einiger Zeit beißend	karamellartig, später beißend	geruchslos	geruchslos	

b) Offen Antworten, je nach ausgeteiltem PULVER X.

c) Der Fall ist durch Vergleich der Beobachtungen der unterschiedlichen Stoffeigenschaften lösbar. Handelt es sich um Mehl, lässt es sich über die Unlöslichkeit und die Braunfärbung ohne Karamellgeruch beim Erhitzen identifizieren. Handelt es sich um Puderzucker, so lässt sich PULVER X als durch die Löslichkeit klar von Gips und Mehl abgrenzen und durch das Verhalten beim Erhitzen identifizieren. Handelt es sich um Natron, lässt sich dieses durch sein Verhalten beim Erhitzen und die beobachtbare teilweise Löslichkeit im Wasser identifizieren. Handelt es sich um Gips, lässt sich dieser von Zucker und Natron durch die Bildung einer Suspension und von Mehl durch die ausbleibende Braunfärbung beim Erhitzen abgrenzen. Entsprechend sollten folgende Verdächtige auf das Polizeipräsidium einbestellt werden:
Mehl: Bäcker; Puderzucker: Konditor; Gips: Bauarbeiter; Natron: Brauseverkäufer.

d) Offene Antworten. Es sollte auf das experimentelle Vorgehen und den Vergleich der Eigenschaften Bezug genommen werden und eine Zuordnung zu der Person vorgenommen werden, die beruflich mit dem identifizierten Stoff zu tun hat.

ERARBEITUNG

A AUFGABEN

Schulbuchseite 21

A1 Beispielsweise wird der Begriff „Stoff" in der Alltagssprache als Bezeichnung für Textilien, für Themen von Geschichten, für Unterrichtsstoff und umgangssprachlich für Drogen verwendet.
Dagegen ist in der Chemie „Stoff" die Bezeichnung für eine Substanz mit ihren charakteristischen Eigenschaften.

A2

Steckbrief Haushaltszucker

- Chemischer Name: Saccharose
- Farbe: farblos bis weiß bei Kristallen, weiß bei gemahlenem Puderzucker
- Aggregatzustand bei 20 °C: fest
- Verhalten bei Erhitzen: Bildung einer gelb-braunen Schmelze, Verkohlung bei weiterem Erhitzen, begleitet von der Bildung eines farblosen Kondensats
- Löslichkeit in Wasser bei 20 °C: sehr gut löslich (203,9 g Zucker in 100 g Wasser)

Steckbrief Natron

- Chemischer Name: Natriumhydrogencarbonat
- Farbe: farblose bis weiße Kristalle
- Aggregatzustand bei 20 °C: fest
- Verhalten bei Erhitzen: zersetzt sich beim Erhitzen und reagiert zur einem farblosen Gas (Kohlenstoffdioxid), einer farblosen Flüssigkeit (Wasser) und einem weißen Feststoff (Natriumcarbonat)
- Löslichkeit in Wasser bei 25 °C: mäßig gut löslich (10,3 g in 100 g Wasser)

FACHMETHODE: Ein Protokoll zu einem Versuch erstellen

A AUFGABEN

Schulbuchseite 23

A1

a) Bei der Planung sollten das magnetische Verhalten von Eisen, die Löslichkeit von Kochsalz und die Unlöslichkeit von Sand berücksichtigt werden. Die zwischenzeitlich anfallende Salzlösung muss eingedampft werden, um das Salz zu erhalten. Schülerinnen und Schüler könnten vorschlagen, zunächst das Eisen magnetisch abzutrennen, dann das verbleibende Gemisch mit Wasser zu versetzen und somit das Salz zu lösen. In Folge müsste der unlösliche Sand durch Filtration abgetrennt werden. Abschließend könnte das Salz durch das Verdampfen von Wasser wieder als Feststoff erhalten werden.

b) Offene Antworten, individuelle Schülerergebnisse.

c) *Protokollvorschlag:*
Trennung eines Stoffgemischs aus Sand, Kochsalz und Eisen

1. Aufgabe / Fragestellung
Wie kann man ein Stoffgemisch aus Sand, Kochsalz und Eisen in die Bestandteile auftrennen?

2. Versuchsaufbau und Material
Laborgeräte: Magnet, Petrischale, 2 Bechergläser, Trichter, Filterpapier, Heizplatte, Glasstab
Chemikalien: Stoffgemisch, Wasser
Versuchsaufbau: Schülerskizze

3. Versuchsdurchführung
Man verteilt das Gemisch auf einer Petrischale und hält einen Magneten, der mit einem Stück Papier umhüllt ist, dicht darüber.
Das Gemisch wird dann in einem Becherglas mit Wasser versetzt und gerührt.
Der Inhalt des Becherglases wird filtriert und das Filtrat anschließend eingedampft.

4. Beobachtungen
Vom Magneten werden graue Bestandteile des Gemischs angezogen. Mit dem Wasser bildet sich eine farblose Lösung und ein brauner Bodensatz, der durch Filtration abgetrennt wird. Nach Eindampfen der farblosen Lösung bleibt ein fester weißer Rückstand im Becherglas.

5. Auswertung
Das Eisen lässt sich magnetisch abtrennen, da es die einzige Komponente ist, die magnetisch ist. Sand ist unlöslich in Wasser und wird durch Filtration abgetrennt. Salz ist löslich in Wasser, wird zunächst gelöst und anschließend durch Abdampfen des Wassers wieder als Feststoff erhalten.

Hinweis: Es bietet sich an, den Magneten mit einem Tuch zu umwickeln, da sonst die Eisenspäne nicht wieder vom Magneten abgetrennt werden können. Die Reihenfolge ist wie beschrieben sinnvoll, da sonst das Eisen auch als unlöslicher Bestandteil im Filterrückstand vorliegt und nass weniger gut abgetrennt werden kann.

VERSUCHE UND MATERIAL

V AUSWERTUNG

Schulbuchseite 28

V1

V2

a)

Stoff	vor dem Erhitzen	während des Erhitzens	nach dem Erhitzen
Zucker	weiß, kristallin	gelb-braune Schmelze	schwarzer Feststoff
Mehl	weiß, pulvrig	hellbraunes Pulver	schwarzes Pulver
Eiklar	farblos, gelartig	weiße, feste Masse	bräunliche, feste Masse

b) Offene Gestaltung. Die Bilderserie sollte zeigen, dass sich farblose Gasblasen bilden und die immer kleiner werdende Tablette von den Bläschen in der Flüssigkeit hoch bewegt wird und sich schließlich an der Oberfläche löst.

c) Das Gas kann nicht schon in der Tablette enthalten sein, da man beim Eintauchen der Tablette in Wasser zunächst nur den Feststoff (Tablette) sieht. Das Gas bildet sich erst im Wasser, was man daran erkennt, dass sich an der Oberfläche des Feststoffs kleine Gasbläschen bilden. Die Gasentwicklung wird mit zunehmender Zeit und abnehmender Tablettengröße immer stärker.
Da die Gasblasen nur im Wasser entstehen und nicht an der Luft, muss sich das Gas beim Kontakt der Tablette mit Wasser bilden. Die Beobachtung, dass die Tablette mit zunehmender Gasentwicklung kleiner wird, deutet darauf hin, dass sich das Gas durch Reaktion eines Stoffes aus der Tablette mit Wasser bildet.

d) Die in **V1** und **V2** eingesetzten Stoffe haben sich mit der Durchführung der Versuche verändert, sowohl farblich als auch hinsichtlich ihrer Beschaffenheit. In **V1** lag jeweils ein Ausgangsstoff vor, nach Versuchsende sind mehrere Stoffe erkennbar. Genaue Beobachtungen bei **V1** zeigen, dass sich nach dem Erhitzen jeweils außer dem Feststoff im unteren Teil des Reagenzglases kleine Tröpfchen einer farblosen Flüssigkeit am oberen Rand des Reagenzglases befinden, die sich beim Erhitzen der Proben gebildet haben muss. In **V2** werden zwei Ausgangsstoffe eingesetzt, eine Brausetablette und Wasser. Nach der Versuchsdurchführung ist die Tablette nicht mehr zu sehen, das Wasser hat sich eingefärbt und es ist ein farbloses Gas entstanden, das aus der Flüssigkeit entweicht.

V AUSWERTUNG

Schulbuchseite 29

LV3

LV4

a) Vor dem Erhitzen ist Schwefel ein lockeres, gelbes Pulver und Eisen ein graues, feines Pulver. Das Eisen-Schwefel-Gemisch ist ein gelb-grau gefärbtes, lockeres Pulvergemisch, in dem beide Komponenten gut sichtbar sind.

b) Im Gegensatz zum Eisen-Schwefel-Gemisch vor dem Erhitzen (vgl. a) sind die beiden Komponenten (gelb bzw. grau) nach dem Erhitzen nicht mehr erkennbar. Stattdessen befindet sich im Reagenzglas ein blau-grau glänzender, poröser Feststoff, bei dem es sich um einen anderen Stoff handeln muss.

c) Zur Prüfung, ob der Feststoff nach dem Erhitzen aus Eisen und Schwefel besteht, kann man einen Magneten an den Stoff halten, um eventuell vorhandenes Eisen abzutrennen. Um möglicherweise vorhandenen Schwefel abzutrennen, kann man den Stoff in Wasser geben und beobachten, ob ein gelber Feststoff an die Wasseroberfläche steigt.

d) Das Edukt ist ein schwarzes Pulver, das Produktgemisch besteht aus einem gelblich-braunen Feststoff (Schwefel), der sich am oberen Reagenzglasrand absetzt, und einem grauem Feststoff (Silber) im unteren Teil des Reagenzglases. Der graue Feststoff lässt sich zu einem silbrig glänzenden Feststoff pressen.

e) Bei **LV3** werden zwei Ausgangsstoffe eingesetzt und es bildet sich ein Produkt, in **LV4** wird ein Ausgangsstoff eingesetzt und es bilden sich zwei Produkte.

ERARBEITUNG

A AUFGABEN Schulbuchseite 31

A1 Die folgenden Vorgänge sind chemische Reaktionen, da bei ihnen neue Stoffe mit anderen Eigenschaften entstehen:

a) Verbrennen von Holz, b) Gären von Traubensaft zu Wein, d) Sauerwerden von Milch.

Bei den Vorgängen c), e) und f) laufen physikalische Prozesse ab: c) Lösen, e) Aggregatzustandsänderung und f) Extraktion.

A2 Die Wortgleichungen zu den folgenden Aussagen lauten:

a) „Gasförmiger Sauerstoff und fester Kohlenstoff reagieren zu gasförmigem Kohlenstoffdioxid."
Sauerstoff (g) + Kohlenstoff (s) ⟶ Kohlenstoffdioxid (g)

b) „Festes Eisenoxid und festes Aluminium reagieren zu festem Eisen und festem Aluminiumoxid."
Eisenoxid (s) + Aluminium (s) ⟶ Eisen (s) + Aluminiumoxid (s)

c) „Gasförmiger Sauerstoff reagiert zu gasförmigem Ozon."
Sauerstoff (g) ⟶ Ozon (g)

A3 Aus den Blüten bilden sich nach der Bestäubung über mehrere Wochen hinweg Äpfel. Blüten und Äpfel sollten daher nicht gleichzeitig am Baum zu finden sein. Auf dem Bild in B3 sind dagegen sowohl viele Blüten („Edukte", wobei auch diese aus anderen Ausgangsstoffen gebildet werden) als auch zwei voll ausgereifte Äpfel („Produkte") zu sehen, was in der Regel nicht vorkommt.

A AUFGABEN Schulbuchseite 33

A1

Versuch	Stoffe	Zuordnung
V1	Zucker	Reinstoff, Verbindung
	Mehl	Gemisch, heterogen
	Eiklar	Gemisch, homogen
V2	Brausetablette	Gemisch, heterogen
LV3	Schwefel	Reinstoff, Element
	Eisen	Reinstoff, Element
	Eisensulfid	Reinstoff, Verbindung
LV4	Silbersulfid	Reinstoff, Verbindung
	Schwefel	Reinstoff, Element
	Silber	Reinstoff, Element

A2 Veranschaulichung der Reaktion von Kupfer (dunkelgrau) mit Schwefel (hellgrau) zu Kupfersulfid:

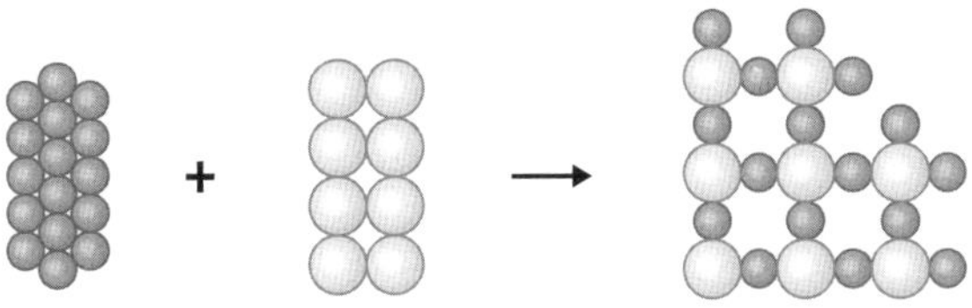

ERARBEITUNG

A AUFGABEN

Schulbuchseite 35

A1 Im Vergleich zu den Symbolen von DALTON sind die modernen Elementsymbole besser erschließbar. Die Buchstaben, die als Elementsymbole dienen, sind von den lateinischen Namen der entsprechenden Elemente abgeleitet. Sie geben daher einen direkten Hinweis auf das durch das Symbol gekennzeichnete Element.
Ansatzweise findet sich die Kennzeichnungsweise auch bei DALTON, hier mit Bezug auf DALTONS Muttersprache (Englisch) bei den Symbolen für die Elemente Zink (engl. zinc) und Eisen (engl. iron).
Andere Symbole hingegen sind weniger aufschlussreich.

A2 Die Symbole von DALTON, die in B6 abgebildet sind, beziehen sich auf Elemente.
Tatsächlich unterschied DALTON bereits zwischen Elementen und Verbindungen. Elemente kennzeichnete er durch Kreissymbole und Verbindungen durch Kombinationen von Kreissymbolen.

A3 Enthält eine Stoffportion der Masse 3200 u a) 100 Atome, muss sie aus Schwefel-Atomen bestehen, b) 200 Atome, muss sie aus Sauerstoff-Atomen bestehen und c) 3200 Atome, muss sie aus Wasserstoff-Atomen bestehen.

VERSUCHE UND MATERIAL

V AUSWERTUNG

Schulbuchseite 36

V1

a)

Stoff und Aggregatzustand	Beobachtungen bei der Verbrennung, auch nach Entfernen des Brenners	Was bleibt übrig?
Aktivkohle (s)	Die Aktivkohle beginnt zu glühen und brennt auch nach Entfernen des Brenners weiter.	kein sichtbares Produkt
Brennspiritus (l)	Die Flüssigkeit beginnt zu sieden und verdampft.	kein sichtbares Produkt
Eisenwolle (s)	Die Eisenwolle beginnt zu glühen. Nach Entfernen des Brenners breitet sich das Glühen durch das Büschel aus und erlischt nach einiger Zeit.	Es bleibt ein blau-schwarzes Büschel Feststoff übrig. Der Feststoff ist brüchiger bzw. weniger biegbar als die eingesetzte Eisenwolle.
Platindraht (s)	Der Draht glüht rot auf.	keine Veränderung

b) Die Eigenschaften der Eisenwolle sind anders als die des Feststoffs, der nach dem Glühen vorliegt. Unterschiede liegen hinsichtlich der Farbe und der Beschaffenheit vor. Die Eisenwolle ist biegsam und glänzend, der Feststoff nach dem Glühen ist brüchig und stumpf. Es ist ein neuer Stoff mit anderen Eigenschaften entstanden. Der Platindraht vor dem Glühen unterscheidet sich nicht von dem nach dem Glühen. Es ist kein neuer Stoff entstanden.

V AUSWERTUNG

Schulbuchseite 37

V2

LV3

a) In **V2** brennt das Teelicht zunächst noch einige Zeit. Die Flamme wird zunehmend kleiner, flackert etwas und erlischt. In **LV3** brennt die Flamme ebenfalls einige Zeit und beginnt dann kleiner zu werden. Bei der Zufuhr von Sauerstoff wird die Flamme wieder deutlich größer und brennt deutlich länger weiter. Entfernt man die Sauerstoffzufuhr, erlischt die Flamme ebenfalls, allerdings erst nach längerer Zeit.

Die Flamme braucht zum Brennen (Luft-)Sauerstoff. In **V2** kann sie so lange brennen, wie Luftsauerstoff im Becherglas enthalten ist. In **LV3** wird reiner Sauerstoff zugeführt, was die „Lebensdauer" der Flamme deutlich verlängert. Auch brennt die Flamme länger als die Flamme in **V2**, da sie sich in einem größeren Gefäß befindet, ihr folglich mehr Sauerstoff zur Verfügung steht.

b) Der Reaktionspartner des Wachses ist Sauerstoff. Dieser wird in **V2** allmählich verbraucht. Wenn kein Sauerstoff mehr vorhanden ist, erlischt die Flamme. Die Tatsache, dass es sich beim Reaktionspartner um Sauerstoff aus der Luft handelt, wird dadurch deutlich, dass die Flamme in **LV3** deutlich lebhafter brennt, wenn reiner Sauerstoff zugeführt wird.

V

AUSWERTUNG

Schulbuchseite 37

LV4

V5

a) In **LV4a** wird die Masse der Kerze im Verlauf der Verbrennung kleiner. In **LV4b** hingegen wird die Masse des Eisenwollebüschels, das mit dem Brenner entzündet wird, mit zunehmender Dauer der Verbrennung größer.

b) In **LV4b** wird wie in **V5b** Eisenwolle eingesetzt. Diese ist silbrig glänzend und biegsam. Die Stoffe, die bei den Reaktionen in **LV4b** und in **V5b** entstehen, lassen sich nicht unterscheiden: In beiden Fällen liegen Büschel eines spröden, nicht glänzenden, blau-schwarzen Feststoffes vor.

c) Ein Vergleich der Beobachtungen bei **V5a** und **b** zeigt, dass sich in beiden Fällen die Masse nicht ändert.

d) **LV4b** und **V5b** zeigen verschiedene Messergebnisse, obwohl in beiden Fällen der gleiche Stoff, Eisenwolle, stark erhitzt wird. Es reagieren jeweils Eisen und Sauerstoff miteinander. In **LV4b** findet die Reaktion in einem offenen, in **V5b** in einem geschlossenen System statt. In **LV4b** wird der Luftsauerstoff anfangs nicht mitgewogen. Bei der Reaktion entsteht eine Verbindung aus Eisen und Sauerstoff, die im festen Aggregatzustand vorliegt, daher wird der nach der Reaktion gebundene Sauerstoff nun mitgewogen, also eine Massezunahme angezeigt. Im geschlossenen System von **V5b** wird der Luftsauerstoff, der sich in dem mit dem Luftballon abgeschlossenen Reagenzglas befindet, bereits anfangs mitgewogen und in gebundener Form nach der Reaktion erneut (gleiche Masse vor und nach der Reaktion).

ERARBEITUNG

A AUFGABEN Schulbuchseite 39

A1 Beim Anzünden eines Grillfeuers pustet man Luft in die Glut, um eine größere Menge des Reaktionspartners Sauerstoff zur Verfügung zu stellen und dadurch die Verbrennung zu begünstigen.

A2 Die Wortgleichung zur Verbrennung von Wachs lautet:

Wachs (s) + Sauerstoff (g) ⟶ Kohlenstoffdioxid (g) + Wasser (g)

Hinweis: Tatsächlich brennt das gasförmige Wachs. Das ist den Schülerinnen und Schülern an dieser Stelle aber noch nicht bekannt. Bei Bedarf kann hier auf **V1** von S. 58 bzw. **B1** von S. 60 im Schulbuch verwiesen werden.

A3 Der Aussage liegt die Vorstellung einer Aggregatzustandsänderung zugrunde. Es wird nicht bedacht, dass tatsächlich eine chemische Reaktion und damit eine Stoffumwandlung stattfindet. Die Fehlvorstellung des Mädchens wird durch die Schwierigkeit induziert, dass man die Verbrennungsgase nicht sehen kann, da sie farblos sind.
Antwort der Schwester: *Da bei der Verbrennung Kohlenstoffdioxid und Wasser entstehen, kann kein gasförmiges Wachs eingeatmet werden und dann im Magen wieder als festes Wachs vorliegen.*

A AUFGABEN Schulbuchseite 41

A1 Der abgebildete Versuch ist eine Variante des BOYLE-Versuchs. Von den Abbildungen a) bis d) ist die Darstellung in d) korrekt. Hier wird dargestellt, dass aus festem Kohlenstoff (schwarze Kugeln) und gasförmigem Sauerstoff (rote Kugeln) gasförmiges Kohlenstoffdioxid (dreiatomiger Teilchenverbund) entsteht. Der Erhalt der Masse wird dadurch visualisiert, dass die Anzahl der involvierten Atome vor und nach der Reaktion identisch ist. Das ist in Darstellung a) nicht der Fall, auch wenn hier die „richtigen" Edukte und Produkte visualisiert sind.
In Darstellung b) ist zwar die Atombilanz korrekt dargestellt, hier werden als Produkt jedoch zweiatomige Teilchenverbände abgebildet, was die Bildung von Kohlenstoffmonooxid suggeriert.
In Darstellung c) ist als Edukt ein Feststoff (fester Kohlenstoff) angedeutet, der nach der Reaktion als Gas vorzuliegen scheint. Das trägt zwar der Beobachtung Rechnung, dass nach dem Versuch kein Feststoff mehr zu erkennen ist, blendet jedoch Sauerstoff als Reaktionspartner und die Bildung von Kohlenstoffdioxid aus.

ARBEITSMETHODE: Im Internet recherchieren

A AUFGABEN Schulbuchseite 43

A1 Vergleiche Beispiel Checkliste:

Checkliste

	Internetrecherche zum Gesetz der Erhaltung der Masse bei chemischen Reaktionen
Internetadresse 1	www.seilnacht.com/versuche/massener.html
Internetadresse 2	http://de.wikipedia.org/wiki/Massenerhaltungssatz
Internetadresse 3	http://www.schule-bw.de/unterricht/faecher/ernaehrungs-lehre/material/handreichung_ernaehrung_chemie/eingangs-klasse/lpe2/lpe0206/
Antwort 1	siehe oben
Antwort 2	siehe Anlage
Antwort 3	seriöse Quellen; einfache und verständliche Darstellung der gesuchten Inhalte

Inhalt	Ergebnis 1		Ergebnis 2		Ergebnis 3	
Ist der Inhalt verständlich dargestellt?	ja ☒	nein ☐	ja ☒	nein ☐	ja ☒	nein ☐
Ist auf der Internetseite wenig Werbung?	ja ☒	nein ☐	ja ☒	nein ☐	ja ☒	nein ☐
Ist die Information aktuell?	ja ☒	nein ☐	ja ☒	nein ☐	ja ☒	nein ☐

Anbieter	Ergebnis 1		Ergebnis 1		Ergebnis 1	
Gibt es ein Impressum oder eine Kontaktangabe?	ja ☒	nein ☐	ja ☒	nein ☐	ja ☒	nein ☐
Ist der Anbieter bekannt?	ja ☒	nein ☐	ja ☒	nein ☐	ja ☒	nein ☐

Hinweis: Wenn du mehrere Fragen mit „nein" beantwortet hast, rufe weitere Internetseiten auf.

A **AUFGABEN** Schulbuchseite 43

A2 Suchergebnisse und Veranschaulichungen:

- *Zum Gesetz von der Erhaltung der Masse:*
  Historisches: Im Jahr 1748 postulierte MICHAIL WASSILJEWITSCH LOMONOSSOW das Massenerhaltungsgesetz. Ausformuliert wurde es im Jahr 1789 von ANTOINE LAURENT DE LAVOISIER: „Bei einer chemischen Reaktion im geschlossenen System ist die Summe der Masse der Edukte gleich der Summe der Masse der Produkte."

- *Veranschaulichung des Gesetzes von der Erhaltung der Masse:*

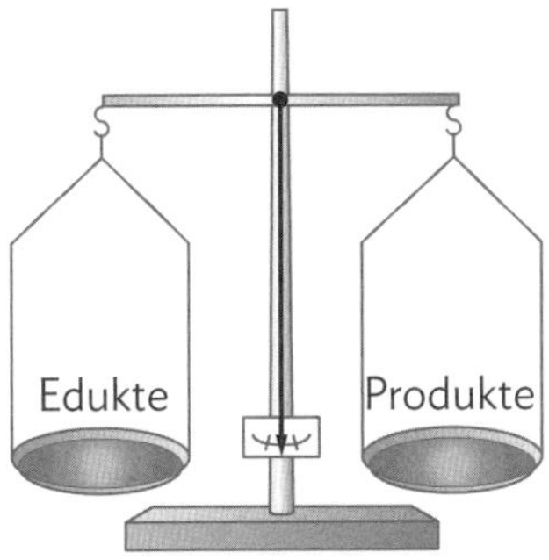

- *Beispiel für eine chemische Reaktion a) im offenen und b) im geschlossenen System:*
  a) *Verbrennen einer Kerze an der Luft*
  Die gasförmigen Verbrennungsprodukte entweichen, sodass eine Balkenwaage für eine brennende Kerze (rechts) im Vergleich zu einer nicht brennenden, ansonsten identischen Kerze eine geringer werdende Masse anzeigt.

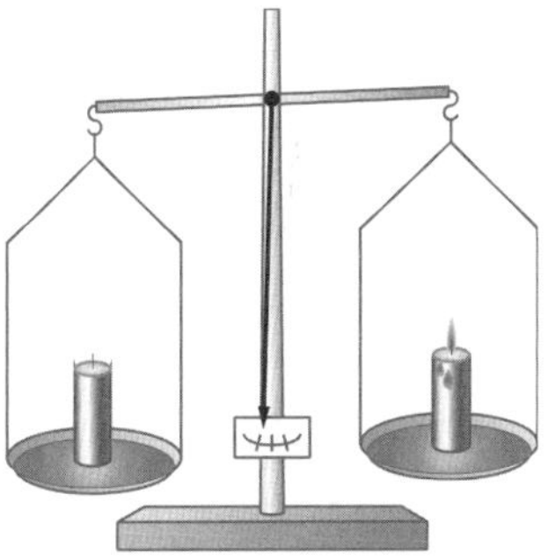

  b) *Verbrennen von Streichhölzern in einem Reagenzglas, dessen Öffnung mit einem Luftballon, der bereits einmal aufgeblasen war, verschlossen ist*
  Die Edukte reagieren in einem geschlossenen Raum zu Produkten, sodass keine Stoffe von außen hinzukommen oder in die Umgebung entweichen können. Eine Waage zeigt, dass die Gesamtmasse der Apparatur mit den Edukten gleich der Gesamtmasse der Apparatur mit den Produkten ist. Also ändert sich ist Gesamtmasse aller Stoffe während der Reaktion nicht.

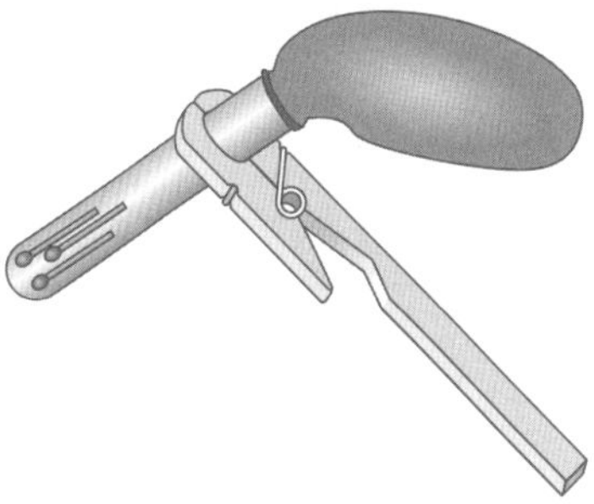

  Diese Reaktionsdurchführung ist zur Veranschaulichung des Massenerhaltungssatzes geeignet.

A3 Vergleiche Beispiel Checkliste (Antwort zu A1).

VERSUCHE UND MATERIAL

V AUSWERTUNG

Schulbuchseite 44

LV1
LV2

a)

	LV1	LV2
Gemeinsamkeiten	Leichtbenzin kann entzündet werden und brennt. Bei der Verbrennung wird Wärme frei.	
Unterschiede	Das Benzin verbrennt langsam unter Wärme- und Lichtabgabe.	Das Benzin verbrennt schnell und explosionsartig.

b) Bei **LV1** kommt das Benzin nur an der Oberfläche der Flüssigkeit mit dem Sauerstoff der Luft in Kontakt. Das Leichtbenzin in **LV2** wird tropfenweise in den Reaktionsraum gegeben und dann durch Schütteln mit dem Sauerstoff der Luft vor dem Zünden vermischt. Dadurch ist das Benzin in **LV2** feiner verteilt und hat eine größere Oberfläche, die mit dem Sauerstoff in Kontakt ist. Dieses Benzin-Sauerstoff-Gemisch ist daher reaktiver und die Reaktion verläuft deutlich heftiger (explosiv) als die in **LV1**.

V AUSWERTUNG

Schulbuchseite 45

V3
V4
V5

a) **V3:** Die Eisenwolle glüht schnell auf. Ohne weitere Wärmezufuhr lässt das Glühen dann auch schnell nach. Beim Hineinpusten in die glühende Eisenwolle verstärkt sich das Glühen wieder.
V4: Die geschmirgelte Eisenblechfläche sieht silbrig glänzend aus. Erst nach längerem Erhitzen glüht das Blech. Die Oberfläche des Bleches färbt sich grau-schwarz.
V5: Das Eisenpulver glüht sofort auf und man sieht orange-gelbe Funken.

b) Die reaktive Oberfläche des Eisens nimmt in der Reihenfolge Eisenblech → Eisenwolle → Eisenspäne zu: Je größer die Oberfläche des Eisens ist, desto heftiger verläuft die chemische Reaktion.

V AUSWERTUNG

Schulbuchseite 45

LV6

a) Eisenwolle ist ein anthrazitfarbener, silbriger Feststoff. Das Verbrennungsprodukt sieht grau-schwarz aus. Magnesium ist ein silbrig glänzender bis matter Feststoff. Das Verbrennungsprodukt ist ein weißes Pulver. Kohlenstoff ist ein schwarzer Feststoff. Das Verbrennungsprodukt ist ein farbloser, gasförmiger Stoff. In allen drei Fällen entstehen neue Stoffe mit anderen Eigenschaften. Es findet jeweils eine Stoffumwandlung (chemische Reaktion) statt.

b) Alle untersuchten Stoffe sind brennbar an der Luft. Eisenwolle glüht auf, Magnesium verbrennt unter starker Licht- und Wärmeabgabe und Kohlenstoff verbrennt unter Flammenbildung zu einem Gas. In einer reinen Sauerstoffatmosphäre verlaufen alle diese chemischen Reaktionen heftiger als an der Luft.

c) „Je mehr Sauerstoff zur Verfügung steht, desto heftiger läuft die Verbrennungsreaktion ab.“ Diese Aussage wird durch die Versuchsbeaobachtung gestützt, dass alle Stoffe in reinem Sauerstoff schneller und heftiger reagieren. Das ist an den stärkeren Lichterscheinungen erkennbar.

d) Eisen (s) + Sauerstoff (g) ⟶ Eisenoxid (s)
Magnesium (s) + Sauerstoff (g) ⟶ Magnesiumoxid (s)
Kohlenstoff (s) + Sauerstoff (g) ⟶ Kohlenstoff(di)oxid (g)

ERARBEITUNG

A AUFGABEN

Schulbuchseite 47

A1 Die Stoffe, die bei **LV2** „unter Druck entweichen", sind Kohlenstoffdioxid und Wasserdampf.

A2 Durch Verdunstung der flüssigen Brennstoffe entsteht ein hochexplosives, brennbares Gas-Luft-Gemisch in Form einer Gaswolke, die bis zu drei Meter Durchmesser haben kann. Beim Anzünden kommt es dann zu einer Verpuffung, die Ursache von schweren Brandverletzungen ist. Durch einen Flammenrückschlag kann auch der gesamte Brennstoffbehälter (z.B. Spiritusflasche, Benzinkanister) in der Hand explodieren und zu schwersten Verbrennungen am ganzen Körper führen.

VERSUCHE UND MATERIAL

V AUSWERTUNG

Schulbuchseite 48

V1

V2

a) Bei **V1** liegt vor der Reaktion ein blauer Feststoff, Kupfersulfat-Pentahydrat, vor. Während der Reaktion entfärbt sich der Feststoff und im oberen Reagenzglasbereich bilden sich Kondenströpfchen. Nach der Reaktion liegt ein weißer Feststoff vor. Die Kondenströpfchen lassen sich als Wasser identifizieren.
Das blaue Kupfersulfat-Pentahydrat hat unter Wasserabgabe zu einem weißen (wasserfreien) Produkt, Kupfersulfat, reagiert. Da sich die Eigenschaften der Edukte von denen der Produkte unterscheiden, hat eine Stoffumwandlung also eine chemische Reaktion stattgefunden.
Hinweis: Struktur-Eigenschafts-Konzept.
Bei **V2** liegt vor der Reaktion ein weißer Feststoff vor. Die Anfangstemperatur beträgt $T_A = 20\,°C$.
Während der Reaktion färbt sich der Feststoff blau, sobald er mit Wasser in Berührung kommt, dabei wird das Reagenzglas warm. Die Temperatur steigt. Nach der Reaktion liegt ein blauer Feststoff vor und die Endtemperatur beträgt $T_E = 30\,°C$.
Der weiße Feststoff, wasserfreies Kupfersulfat, reagiert mit Wasser unter Wärmeabgabe zu blauem Kupfersulfat, Kupfersulfat-Pentahydrat. Da sich die Eigenschaften der Edukte von denen der Produkte unterscheiden, hat eine Stoffumwandlung, also eine chemische Reaktion stattgefunden.
Hinweis: Struktur-Eigenschafts-Konzept.

b) Kupfersulfat-Pentahydrat (s) + Energie ⟶ Kupfersulfat (s) + Wasser (l)

c) Das Produkt aus **V2** hat dieselben Eigenschaften wie das Edukt aus **V1**.
Kupfersulfat (s) + Wasser (l) ⟶ Kupfersulfat-Pentahydrat (s) + Energie

d) und **e)** Die Reaktionen verhalten sich wie Hin- und Rückreaktion. Die Abspaltung von Wasser aus Kupfersulfat-Pentahydrat (**V1**) erfolgt unter Energieaufnahme, da das Kupfersulfat-Pentahydrat für die Reaktion erhitzt werden muss. Bei der Reaktion zwischen Kupfersulfat und Wasser (**V2**) ist eine Temperaturerhöhung messbar, die Reaktion ist also mit einer Energieabgabe verbunden.
Kreisprozess:

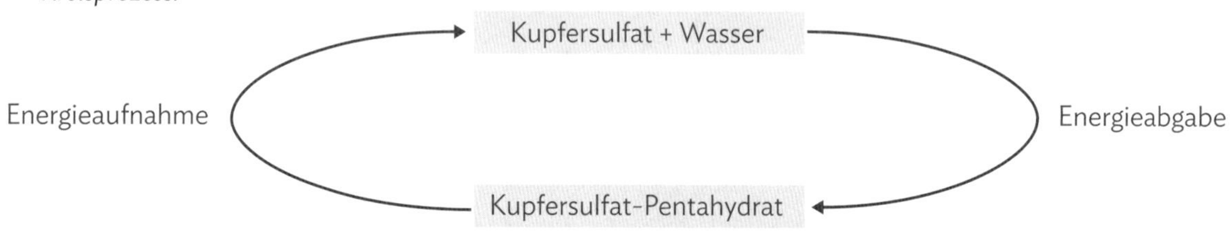

V AUSWERTUNG Schulbuchseite 49

LV3

a) Das Gemisch entzündet sich zunächst an der Stelle, an der es mit der Brennerflamme erhitzt wird. Es brennt mit grün-weißer Flamme. Nach Entfernen der Brennerflamme wandert die Flamme ohne weiteres Erhitzen weiter durch das gesamte Stoffgemisch.

b) Die Brennerflamme liefert die zum Starten der Reaktion notwendige Aktivierungsenergie.

c) Da die Reaktionsflamme auch nach Entfernen der Brennerflamme weiter durch das Gemisch läuft, muss offenbar genügend Energie bei der Reaktion frei werden, um benachbarte Bereiche des Gemischs so weit zu erwärmen, dass das Reaktionsgemisch aktiviert wird. Die Reaktion ist also exotherm. Neben Wärme wird auch Licht freigesetzt.

V AUSWERTUNG Schulbuchseite 49

V4

V5

a) In **V4a** erwärmt sich die Oberfläche des Taschenwärmers, bei der Reaktion wird Energie in Form von Wärme freigesetzt. In **V4b** wird durch das Wasserbad mit kochendem Wasser Wärme zugeführt. Also ist Wärmeenergie an der Reaktion beteiligt. In **V5** ist beim Knicken des Knicklichts Licht zu beobachten, es wird Energie in Form von Licht abgegeben.

b) Betätigen des Taschenwärmers, **V4a**: Energieabgabe
Leuchten des Knicklichts, **V5**: Energieabgabe
Regeneration des Taschenwärmers, **V4b**: Energieaufnahme

c) Ein Taschenwärmer enthält als Edukt eine Salzlösung, in der sich ein Metallplättchen befindet. Durch Knicken wird ein Kristallisationsprozess gestartet. Bei diesem wird in einer exothermen Reaktion Energie in Form von Wärme abgegeben. Das Produkt ist ein festes Salz, in das das Lösungsmittel eingelagert ist. Die Überführung des Taschenwärmers in seine ursprüngliche Form durch Wärmezufuhr ist eine endotherme Reaktion.
Das Knicklicht besteht aus einem flexiblen Kunststoffschlauch, in dem sich ein Glasröhrchen befindet. Im Schlauch und im Glasröhrchen befinden sich Flüssigkeiten. Sobald sich die Flüssigkeiten beim Knicken des Knicklichts vermischen, beginnt das Knicklicht farbig zu leuchten. Das Leuchten wird nach einiger Zeit schwächer und erlischt nach sehr langer Zeit vollständig. Im Glasröhrchen und im Kunststoffschlauch sind Stoffe enthalten, die miteinander unter Abgabe von Energie in Form von Licht reagieren.

ERARBEITUNG

A AUFGABEN

Schulbuchseite 51

A1

Knicklichter: Abgabe von Energie in Form von Licht; Umwandlung von chemischer Energie in Lichtenergie
Blätter: Aufnahme von Energie in Form von Licht; Umwandlung von Energie in Form von Licht in chemische Energie
Kochen: Aufnahme von Energie in Form von Wärme; Umwandlung von Energie in Form von Wärme in chemische Energie
Feuer: Abgabe von Energie in Form von Wärme; Umwandlung von chemischer Energie in Energie in Form von Wärme
Batterie: Abgabe von elektrischer Energie; Umwandlung von chemischer Energie in elektrische Energie
Handy: Aufnahme von elektrischer Energie; Umwandlung von elektrischer Energie in chemische Energie

A2

Aufnahme von Wärmeenergie: Toasten eines Brotes; Kältepacks in Erste-Hilfe-Koffern müssen nicht wie ein Kühlakku erst gekühlt werden, sondern entziehen der Umgebung durch eine chemische Reaktion Wärme.
Aufnahme von Lichtenergie: Härtung von Kunststoffzahnfüllungen durch UV-Bestrahlung; Bleichen von Farbe durch Sonnenlicht; Analogfotografie
Aufnahme von elektrischer Energie: Laden eines Akkus; Elektrolyse von Wasser
Abgabe von Wärmeenergie: Lagerfeuer
Abgabe von Lichtenergie: Knicklichter; Leuchten von LEDs; chemische Reaktionen in der Sonne
Abgabe von elektrischer Energie: Betrieb von Batterien; Entladen eines Akkus

A3

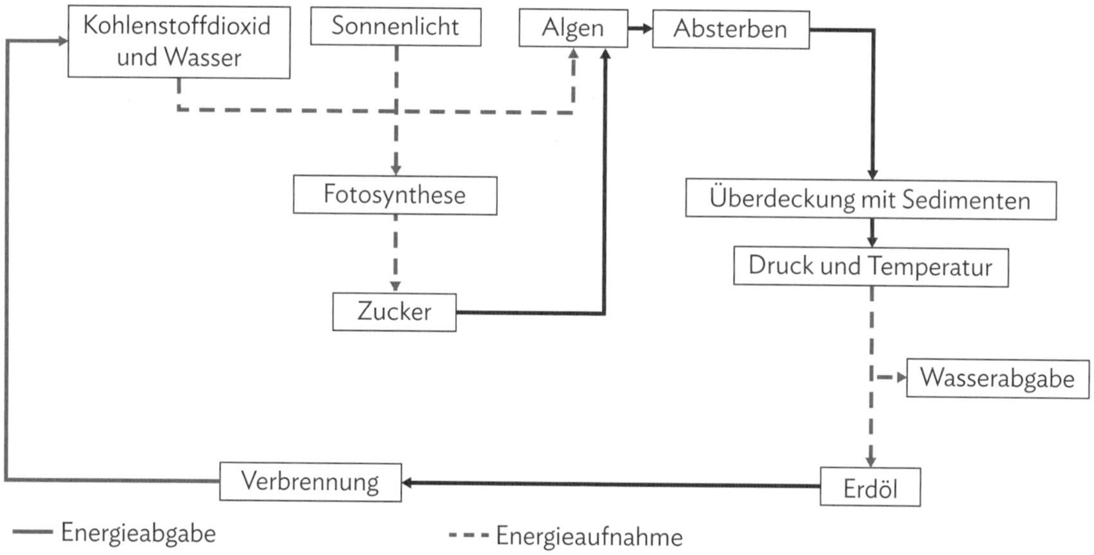

ERARBEITUNG

A AUFGABEN Schulbuchseite 53

A1 Blaues Kupfersulfat-Pentahydrat reagiert in **V1** in einer endothermen Reaktion unter Energieaufnahme (Wärme) und Wasserabgabe zu weißem Kupfersulfat und weißes Kupfersulfat reagiert in **V2** mit Wasser in einer exothermen Reaktion unter Energieabgabe zu blauem Kupfersulfat-Pentahydrat.

A2 Es sind verschiedene Anordnungen möglich.
Beispiele:

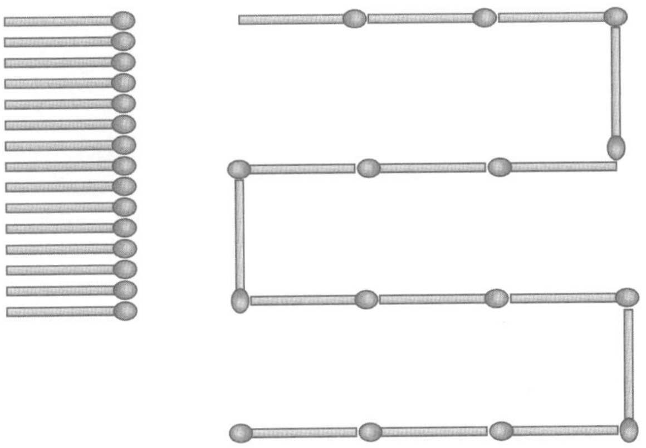

A AUFGABEN Schulbuchseite 54

A1

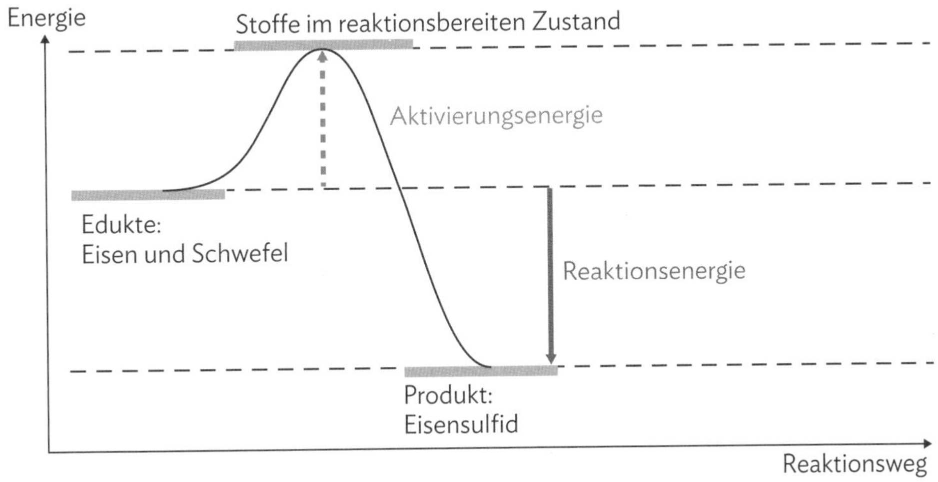

A2 *Hinweis:*
In **B7** auf Seite 54 des Schulbuchs, 1. Auflage, 1. Druck 2016, steht im Gegensatz zum Text fälschlicherweise:
Edukte: Kupfersulfat und Wasser sowie Produkt: Kupfersulfat-Pentahydrat

Richtig muss es heißen: *Edukt: Kupfersulfat-Pentahydrat sowie Produkte: Kupfersulfat und Wasser*

Ausgehend von einer korrekten Darstellung in **B7** (vgl. Hinweis) lautet die Lösung:
Matthias hat recht. In **B7** ist eine umkehrbare Reaktion dargestellt. Die Hinreaktion, Kupfersulfat-Pentahydrat reagiert zu Kupfersulfat und Wasser, verläuft endotherm. Damit verläuft die Rückreaktion, Kupfersulfat und Wasser reagieren zu Kupfersulfat-Pentahydrat, exotherm, da bei dieser Reaktion der Energiegehalt des Produkts Kupfersulfat-Pentahydrat geringer als der Energiegehalt der Edukte Kupfersulfat und Wasser ist.

FACHMETHODE: Ein Energiediagramm beschreiben

A **AUFGABEN** Schulbuchseite 55

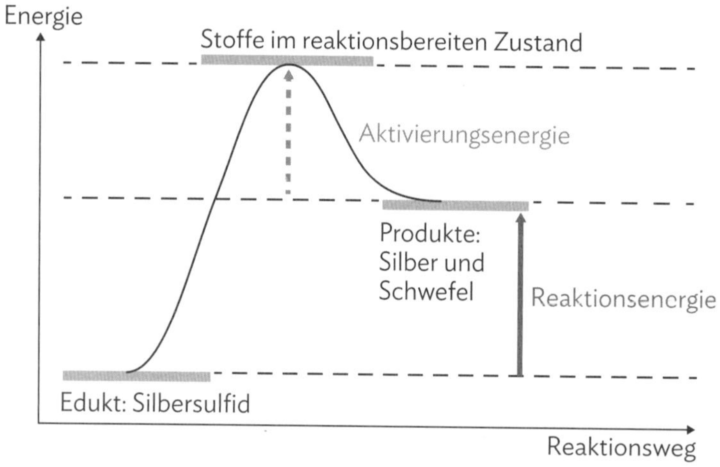

A1 Silbersulfid (s) ⟶ Silber (s) + Schwefel (g)

(1) Der Kurvenverlauf steigt zunächst an. Dem Edukt Silbersulfid wird Energie, die Aktivierungsenergie, zugeführt. Das Edukt liegt jetzt im reaktionsbereiten Zustand vor. Nun fällt der Kurvenverlauf ab. Der Stoff im reaktionsbereiten Zustand reagiert unter Energieabgabe zu den Produkten Silber und Schwefel. Die Produkte sind energiereicher als das Edukt. Insgesamt wird mehr Energie aufgenommen als abgegeben.

(2) Der Energiegehalt des Edukts ist geringer (der Balken für den Energiegehalt liegt tiefer) als der Energiegehalt der Produkte, die Reaktion verläuft endotherm.

EXKURS > BIOLOGIE: Das kalte Leuchten

A AUFGABEN Schulbuchseite 56

A1 Unter Chemolumineszenz versteht man das Freiwerden von kaltem Licht als Produkt einer chemischen Reaktion.

A2 Offene Antworten, je nach Schülerrecherche und -wahl.
Beispiele: Knicklichter werden z.B. beim Angeln im Dunkeln an den Schwimmer oder die Spitze der Angelrute angebracht, im Militärbereich eingesetzt oder als tragbare Notbeleuchtungen bzw. Markierungen verwendet. Auch zu dekorativen Zwecken z.B. auf Parties werden Knicklichter eingesetzt.

EXKURS > BIOLOGIE: Die „Bio"-Solarzelle

A AUFGABEN Schulbuchseite 57

A1 In einem grünen Blatt wird Lichtenergie der Sonne in chemische Energie umgewandelt. Dabei entstehen aus Wasser und Kohlenstoffdioxid Zucker (Glucose) und Sauerstoff. In dem Zucker ist die Energie als chemische Energie gespeichert.

A2 Kohlenstoffdioxid (g) + Wasser (l) $\xrightarrow{\text{Licht}}$ Glucose (s) + Sauerstoff (g) | endotherm

A3 Blätter können Energie in Form von chemischer Energie speichern. Energiereiche Stoffe sind Glucose und andere Speicherstoffe wie Fette und Eiweiße.
Die in der Solarzelle umgewandelte Lichtenergie muss sofort in das Stromnetz als elektrische Energie eingespeist und genutzt werden. Eine Speicherung ist nicht möglich.

VERSUCHE UND MATERIAL

V AUSWERTUNG

Schulbuchseite 58

V1
LV2

a)

b) Eine Verbrennung ist nur möglich, wenn ein Brennstoff als brennbares Gas mit gasförmigem Sauerstoff der Luft reagiert. Nur bei einer gerade erloschenen Kerze befindet sich noch genügend gasförmiges Wachs oberhalb des Dochts. Der Wachsdampf als Brennstoff ist noch vorhanden und lässt sich mit dem Sauerstoff der Luft entzünden.

c) Eine Verbrennung ist nur möglich, wenn ein Brennstoff als brennbares Gas mit gasförmigem Sauerstoff der Luft reagiert.
Bei einer gerade erloschenen Kerze lässt sich das gasförmige Wachs oberhalb des Dochts mit dem Sauerstoff der Luft entzünden (**V1**). Bei **LV2** lässt sich der gasförmige Brennspiritus als Brennstoff mit einem brennenden Holzstab entzünden, wenn er am oberen Rand des Reagenzglases mit dem Sauerstoff der Luft in Kontakt kommt.

V AUSWERTUNG

Schulbuchseite 59

V3
V4
V5

a) Gekühlter Brennspiritus entzündet sich langsamer als Brennspiritus bei Raumtemperatur. Diese Tatsache kann mit dem Teilchenmodell erklärt werden. Die Teilchen im gasförmigen Brennspiritus bewegen sich schneller und stoßen heftiger mit den Teilchen des Sauerstoffs zusammen. Je größer die Geschwindigkeit der Teilchen ist, desto höher ist die Zahl der wirksamen Zusammenstöße und desto schneller verläuft die Reaktion.

b) Kohlenstoffdioxid ist schwerer als Luft (hat eine höhere Dichte) und „erstickt" die Flammen. Es verhindert weiteren Zutritt von Sauerstoff und kann deshalb als Löschmittel eingesetzt werden. Außerdem ist Kohlenstoffdioxid ein farbloses, geruchloses Gas.

c) Der Kohlenstoffdioxidschaum „erstickt" die Flamme, weil er die Verbrennung nicht unterstützt. Außerdem verhindert er den Zutritt von Sauerstoff. Das im Kohlenstoffdioxidschaum enthaltene Wasser kühlt die Flamme unter die Flammtemperatur des Brennstoffs.

ERARBEITUNG

A AUFGABEN

Schulbuchseite 61

A1

Sauerstoff	...und entzündet sich dann beim Anblasen.
Brennstoff	...zwei Hölzer, ...Holzstaub, ...trockenes Heu
Wärme	...reibt sie unter großem Druck.

A2 Durch Schließen der Fenster gelangt kein zusätzlicher Sauerstoff in den Raum, die Feuerwehrleute können den Raum durch die offene Tür betreten.

A AUFGABEN

Schulbuchseite 63

A1 Das Wasser verdampft im heißen, brennenden Fett explosionsartig. Dadurch wird der Brand auch explosionsartig verstärkt. Der Brennstoff (gasförmiges Fett) und der Sauerstoff der Luft erhalten plötzlich eine sehr große gemeinsame Oberfläche zum Reagieren.

A2 Offene Antworten; abhängig von der jeweiligen Schulsituation.

A3 Durch hohe Temperaturen entstehen brennbare Gase, die im Inneren des Ofens nicht vollständig verbrannt werden. Diese Gase kommen an der Schornsteinmündung mit Sauerstoff in Kontakt und entzünden sich selbst.

A4 In der Regel gibt es in allen Jahreszeiten längere Trockenperioden, in denen die Waldbrandgefahr steigt. Häufiger liegen solche Perioden in den Sommermonaten.
Die Feuerwehr stützt sich auf ein umfangreiches Beobachtungssystem (Satelliten, Wetterstationen, Beobachtungstürme), um ausgebrochene Feuer schnell zu orten und unter Kontrolle zu bekommen. Weiterhin werden in Straßennähe Schneisen durch den Wald geschlagen, um ein schnelles Ausbreiten der Feuer zu verhindern. Außerdem gibt es in allen Siedlungen (Städte, Dörfer, Gemeinden) Löschteiche.
Weitere Maßnahmen sind z. B.: Zuschütten von Brandherden mit Erde, Einsatz von Löschhubschraubern, Anlegen von Feuerschneisen und Entfachen eines Gegenfeuers.

ZUM ÜBEN UND WEITERDENKEN

A AUFGABEN

Schulbuchseite 64, 65

A1

Bei einem Lagerfeuer brennt das Holz zunächst nur an der Stelle, an der es angezündet wurde. Nach und nach entzünden sich alle aufgestapelten Holzteile und die Flammen schlagen sehr hoch. Wenn das meiste Holz verbrannt ist, werden die Flammen immer weniger und niedriger, bis schließlich nur noch glühende Teile zu sehen sind, die ähnlich glühen wie Kohle beim Grill. Nach einiger Zeit ist alles verbrannt bzw. verglüht und im Vergleich zur ursprünglichen Holzmenge bleibt nur wenig Asche übrig.

A2

Bei den folgenden Vorgängen handelt es sich um chemische Reaktionen: Rosten eines Fahrrads, Schimmeln von Brot, Verdauen von Essen, Backen von Waffeln. In diesen Fällen entstehen neue Stoffe mit anderen Eigenschaften.
Demgegenüber handelt es sich beim Eindampfen von Salzwasser, Entstehen von Eiszapfen und Brühen von Kaffee um physikalische Prozesse, die mit Aggregatzustandsänderungen bzw. dem Lösen wasserlöslicher Komponenten beim Kaffeebrühen einhergehen.

A3

Die Wortgleichung zur Verbrennung von Eisen lautet:
Eisen (s) + Sauerstoff (g) ⟶ Eisenoxid (s)

Die Wortgleichung zur Verbrennung von Schwefel lautet:
Schwefel (s) + Sauerstoff (g) ⟶ Schwefeldioxid (g)

Hinweis: Die Schülerinnen und Schüler kennen an dieser Stelle noch kein Schwefeldioxid. Die Angabe „Schwefeloxid" wäre demzufolge hier akzeptabel.

A4

Ayses Aussage ist dann korrekt, wenn man sie auf die Beobachtung der Verbrennung von Eisen im offenen System bezieht, bei der im Verlauf des Versuchs die Masse des Eisens bzw. des oxidierten Eisens gewogen wird. Die Aussage von Moritz bezieht sich auf den Masseerhalt, der bei einer Verbrennung im geschlossenen System beobachtbar ist. Grundsätzlich gilt aber für alle chemischen Reaktionen das Gesetz von der Erhaltung der Masse, nicht nur für Verbrennungen.
Lena bezieht sich auf die Alltagsbeobachtung, dass bei einem Feuer Brennstoff, z.B. Holz, verbrennt und Asche übrig bleibt. Die gasförmigen Verbrennungsprodukte, die ebenfalls eine Masse haben, beachtet sie nicht. Aus den Alltagsbeobachtungen verallgemeinert sie und überträgt falsch auf die Verbrennung von Eisen.

Umformulierungen:
Ayse: Wiegt man die Masse von Eisenwolle vor und nach der Verbrennung im offenen System, so ist die Masse nach der Verbrennung größer.
Moritz: Bei chemischen Reaktionen ist die Summe der Massen der Edukte und die Summe der Massen der Produkte gleich. Es kommt nur zu einer Umverteilung der beteiligten Atome.
Lena: Bei einer Verbrennung, wie z.B. bei einem Lagerfeuer, entstehen gasförmige Produkte und Asche. Die Masse aller Produkte entspricht der Masse aller beteiligten Edukte, inklusive des Sauerstoffs. Analog sind die Masse der Edukte bei der Verbrennung von Eisen und die Masse der Produkte gleich.

A5

a) Im linken Bildteil sind die Edukte der Reaktion von Eisen und Schwefel im Teilchenmodell dargestellt. Im rechten Bildteil ist das Produkt Eisensulfid im Teilchenmodell abgebildet. Es ist erkennbar, dass nach der Reaktion die Teilchen umgeordnet, aber in gleicher Anzahl vorhanden sind.
Die Teilchenanordnungen zeigen, dass es sich bei allen drei Stoffen um Feststoffe handelt.

b) Eisen (s) + Schwefel (s) ⟶ Eisensulfid (s)

A6 Die gezeigte Reaktion findet im geschlossenen System statt. Während der Reaktion bilden Eisen und Sauerstoff Rost, vereinfacht Eisenoxid. Der Reaktionspartner Sauerstoff befindet sich im Gasraum innerhalb des Reagenzglases. Wird er verbraucht, entsteht ein Unterdruck im Reagenzglas und der Wasserpegel steigt an.

A7 Die Aussage ist nicht präzise formuliert. Streng genommen suggeriert sie das Vorliegen eines Gemisches aus den Elementen Silber und Sauerstoff. Genauer müsste man formulieren: „Silberoxid ist eine Verbindung aus Silber und Sauerstoff." oder „In Silberoxid liegen Silber und Sauerstoff gebunden vor."

A8 *Bei einer chemischen Reaktion entstehen aus Edukten neue Stoffe mit neuen Eigenschaften. Dabei bleiben die Massen der Edukte und der Produkte immer gleich.*

A9

a) LAVOISIER erkannte, dass beim Erhitzen von Quecksilberoxid gasförmiger Sauerstoff und flüssiges Quecksilber gebildet werden. Den Sauerstoff kann man mit der abgebildeten Apparatur pneumatisch in der Gasglocke (rechter Bildteil) auffangen, Quecksilber sollte im Reaktionsgefäß verbleiben.

b) Die Apparatur besteht aus einem befeuerten Ofen (links), einem Reaktionsgefäß, das durch den Ofen erhitzt wird, einem davon ausgehenden Gasableitungsrohr, das in ein Wasserbad (Kühlung, rechts) taucht und über dessen Spitze eine Gasglocke zum Auffangen des entstehenden Sauerstoffs platziert ist.

c) Die Versuchsanordnung kann aus einem Reagenzglas bestehen, in dem sich das Quecksilberoxid befindet. Dieses Reagenzglas ist mit einem durchbohrten Stopfen versehen, in dem ein gebogenes Glasrohr steckt. Dieses führt in eine pneumatische Wanne, in der mittels eines weiteren Reagenzglases entstehender Sauerstoff aufgefangen werden kann. Zum Zurückhalten des entstehenden Quecksilbers kann man etwas Glaswolle in den oberen Bereich des Reagenzglases mit dem Quecksilberoxid stecken. Das Reagenzglas mit dem Quecksilberoxid kann vorsichtig mit dem Brenner erhitzt werden. Aufgrund des Gefahrenpotenzials sollte der Versuch im Unterricht nicht praktisch durchgeführt werden. Analog könnte man aber Silberoxid thermolytisch zerlegen.

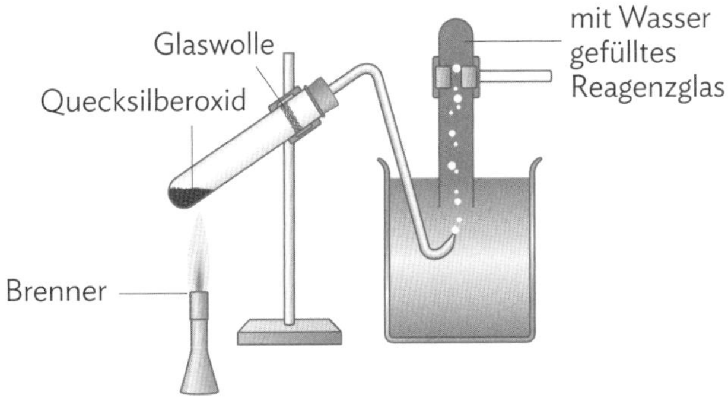

A10 LAVOISIER bezieht sich sowohl auf natürliche Prozesse als auch auf künstliche, durch Menschen herbeigeführte, wobei es sich jedes Mal um chemische Reaktionen handelt. LAVOISIERS Formulierung passt zum Satz von der Erhaltung der Masse, der darauf beruht, dass bei einer chemischen Reaktion lediglich eine Umordnung von Teilchen erfolgt. Deren Zahl und damit die Gesamtmassen bleiben gleich.

A11 Wasserstoff: H, Sauerstoff: O, Stickstoff: N, Kohlenstoff: C, Phosphor: P, Schwefel: S, Zink: Zn, Eisen: Fe

A12 Waldbrände sind bei trockenem, heißem und stürmischem Wetter besonders schwer zu bekämpfen, da den Bränden dann viel Luftsauerstoff zugeführt wird und keine Abkühlung und kein Löschen durch niedrige Außentemperaturen bzw. Regen erfolgen können.

ZUM ÜBEN UND WEITERDENKEN

A13 Energiediagramme zur Bildung von Zinksulfid und Kupfersulfid:

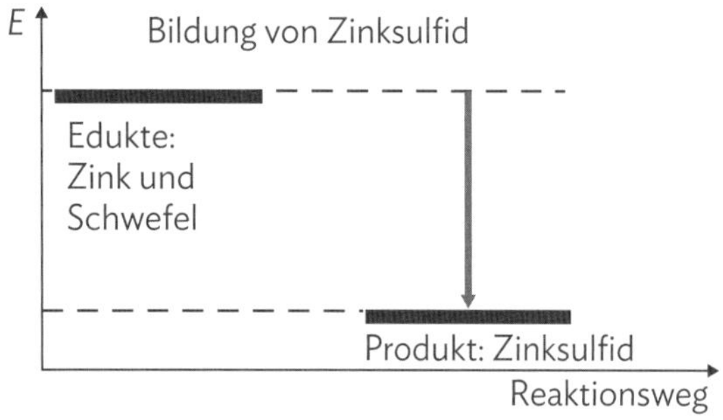

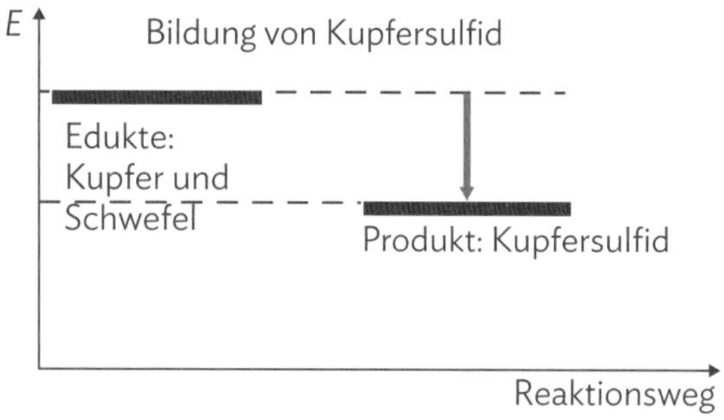

A14 **a)** Die Wortgleichung für die Zellatmung lautet:
Nährstoffe + Sauerstoff ⟶ Kohlenstoffdioxid + Wasser.

Auf die Angabe der Aggregatzustände wird hier verzichtet, da offen ist, wie die Nährstoffe vorliegen und schwer wiederzugeben ist, dass Kohlenstoffdioxid zunächst gelöst im Blut vorliegt und schließlich als Gas in der Ausatemluft abgegeben wird.

a) In der Abbildung ist dargestellt, dass Pflanzen mithilfe von Sonnenlicht aus Kohlenstoffdioxid Sauerstoff (und Biomasse, z.B. Kohlenhydrate, im Bild aber nicht gut erkennbar) bilden. Der Sauerstoff wird von Menschen und Tieren aufgenommen und in Kohlenstoffdioxid (und Wasser, nicht abgebildet) umgewandelt. Außerdem reagiert Sauerstoff bei Stoffumsetzungen wie Verbrennungen zu Kohlenstoffdioxid. Es liegt insgesamt ein Kreisprozess vor, in dem Sauerstoff und Kohlenstoffdioxid durch chemische Reaktionen im Blatt bzw. in Menschen oder Tieren gebildet und verbraucht werden.

M1 Der angelaufene Löffel

Schulbuchseite 66

A1 Bei chemischen Reaktionen entstehen neue Stoffe mit anderen Eigenschaften. Daher ist die Farbveränderung an der Kontaktfläche von Löffel und Ei ein Hinweis auf den Ablauf einer chemischen Reaktion.

A2 Die Masse des Löffels wird sich nicht messbar ändern. Sie müsste sehr geringfügig höher sein als vor der Reaktion, da sich auf der Oberfläche Silbersulfid bildet und der gebundene Schwefel eine Eigenmasse hat.

A3

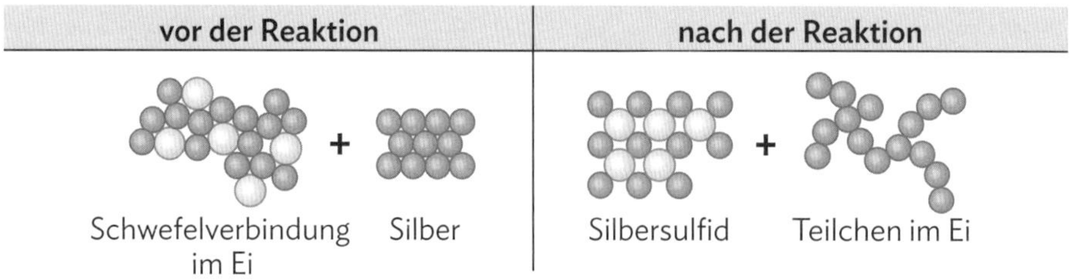

A4 Man kann die Oberfläche wieder glänzend bekommen, wenn man das gebildete Silbersulfid wieder in Silber und Schwefel zerlegt.
Hinweis: Bei dieser theoretischen Überlegung kann es an dieser Stelle bleiben.
Die Zerlegung in Silber und Schwefel gelingt bei einem angelaufenen Silberlöffel nicht durch bloßes Erhitzen, da dabei weitere Reaktionen mit Sauerstoff stattfinden. Man könnte aber modellhaft den Reinstoff Silbersulfid im Reagenzglas erhitzen. Auf Redoxprozesse, wie sie z. B. beim Einwickeln des Löffels in Aluminiumfolie und Einlegen in Salzlösung ablaufen, sei an dieser Stelle nicht eingegangen.

M2 Die Verbrennung von Magnesium

Schulbuchseite 66

A1 Bei der Verbrennung von Magnesium entsteht Magnesiumoxid. Würde man dieses entstehende spröde Produkt mit einer sehr feinen Waage wiegen, könnte man eine geringfügig größere Masse messen. Das gasförmige Edukt Sauerstoff reagiert, liegt nach der Reaktion gebunden im festen Produkt Magnesiumoxid vor und hat einen Anteil an der Masse des Magnesiumoxids.

A2 An der Reaktion sind Magnesium und Luftsauerstoff beteiligt.

A3 Die Wortgleichung lautet: Magnesium (s) + Sauerstoff (g) $\longrightarrow$ Magnesiumoxid (s)

A4 *Stoffebene:* Magnesium und Sauerstoff reagieren zu Magnesiumoxid. Aus den Elementen Magnesium und Sauerstoff bildet sich die Verbindung Magnesiumoxid.
Teilchenebene: Sauerstoff-Atome reagieren mit Magnesium-Atomen und bilden einen Verband, in dem die Sauerstoff-Atome und Magnesium-Atome abwechselnd, regelmäßig angeordnet sind.

M3 Die Mehlstaubexplosion

Schulbuchseite 67

A1 Der Kabelbrand führte dazu, dass fein zerteiltes Mehl, das eine große Oberfläche hat, zu brennen begann. Die exotherme Verbrennungsreaktion hat sich selbsttätig fortgesetzt.

A2 10 g Getreidekörner haben eine weitaus kleinere Oberfläche als 10 g trockenes Mehl. Beim Mehl liegt eine deutlich größere Kontaktfläche zum Luftsauerstoff vor als bei den Getreidekörnern.

A3 Es liegt eine chemische Reaktion vor, weil ausgelöst durch den Kabelbrand eine heftige Verbrennungsreaktion von Mehl abläuft. Stoffumsatz: Bei vollständiger Verbrennung würde Mehl in Gegenwart von Sauerstoff zu Kohlenstoffdioxid und Wasser verbrennen. Da die Verbrennung nicht immer vollständig verläuft, können auch weitere, teils feste Verbrennungsprodukte entstehen (Ascheregen).
Energieumsatz: Der Kabelbrand liefert die Aktivierungsenergie, die Verbrennung selbst verläuft stark exotherm.

A4 Energiediagramm zur Mehlstaubexplosion:

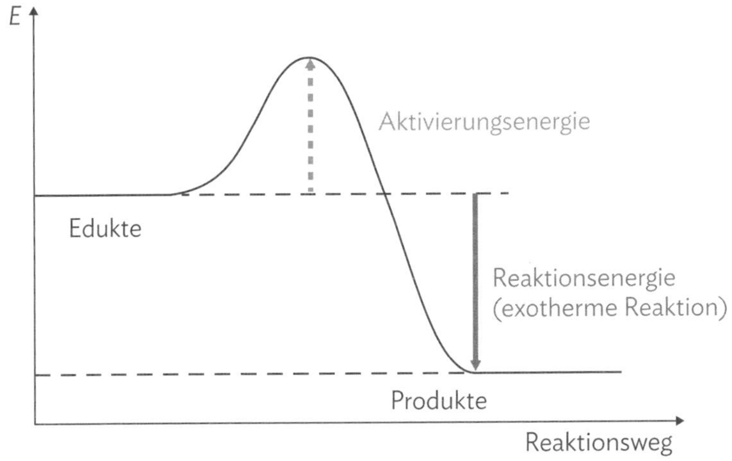

ZUM ÜBEN UND WEITERDENKEN

M4 Animation zur Verbrennung von Eisenwolle

Schulbuchseite 67

A1 Bei der Reaktion bildet sich aus festem Eisen und gasförmigem Sauerstoff festes Eisenoxid, das auf der Eisenwolle haftet.
Die Schülerzeichnungen sollten in etwa den Momentaufnahmen aus der Animation zu der Reaktion auf Teilchenebene entsprechen, die hier wiedergegeben sind.

vor der Reaktion:

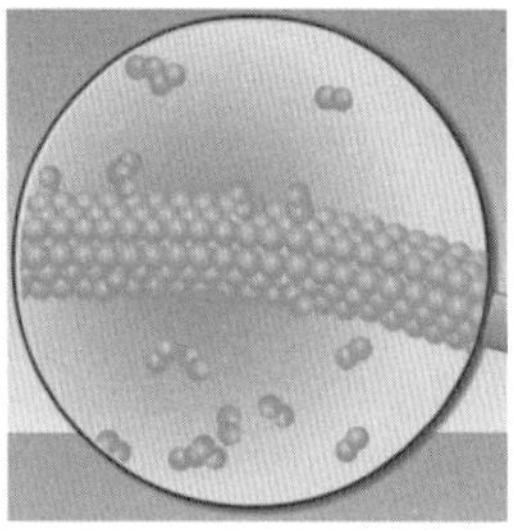

während der Reaktion:

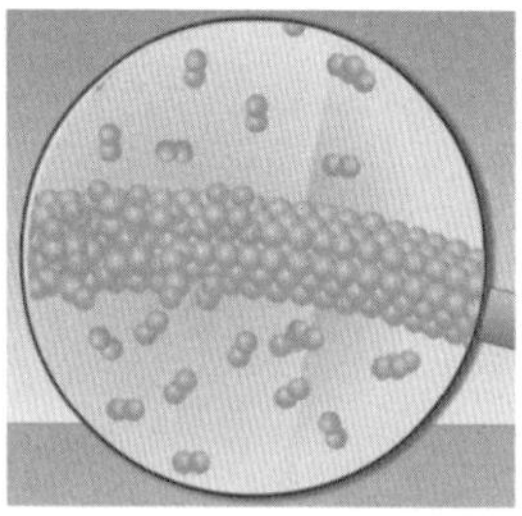

nach der Reaktion:

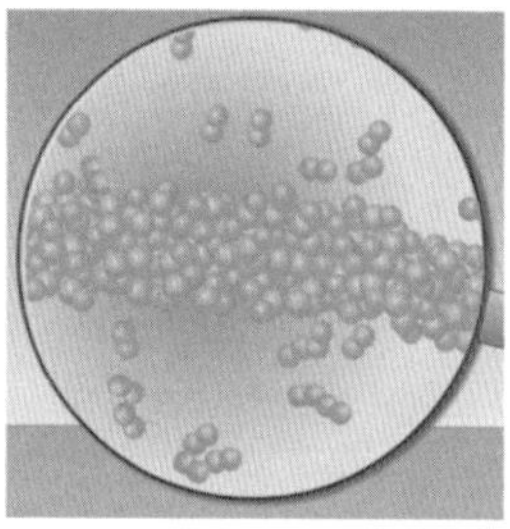

A2 Sauerstoff-Teilchen sind in der Animation die zweiatomigen roten Teilchen, Eisen-Teilchen die einatomigen schwarzen Teilchen und Eisenoxid-Teilchen die zweiatomigen rot-schwarzen Teilchen.
Die Stickstoff-Teilchen aus der Luft sind die zweiatomigen grünen Teilchen. Sie sind an der Reaktion nicht beteiligt.

A3 Offene Antworten.

A4 Die Wortgleichung für die dargestellte Reaktion lautet:
Eisen (s) + Sauerstoff (g) ⟶ Eisenoxid (s)

VERSUCHE UND MATERIAL

M AUSWERTUNG

Schulbuchseite 77

M1

a) Die Elemente, die in Zeile 2 und 24 des Songtextes stehen, sind in folgender Tabelle mit ihrem englischen Namen, ihrer deutschen Bezeichnung und dem Elementsymbol aufgeführt.
In einer Kopie des PSE werden diese Elemente markiert, z.B. rot umkreist.

englischer Name	deutscher Name	Elementsymbol
hydrogen	Wasserstoff	H
oxygen	Sauerstoff	O
nitrogen	Stickstoff	N
rhenium	Rhenium	Re
chlorine	Chlor	Cl
carbon	Kohlenstoff	C
cobalt	Cobalt	Co
copper	Kupfer	Cu
tungsten	Wolfram	W
tin	Zinn	Sn
sodium	Natrium	Na

b) Die deutschen Bezeichnungen der Elemente iron, mercury, lead, sulfur und carbon sind mit ihren Elementsymbolen der folgenden Tabelle zu entnehmen. Diese Elementsymbole werden in der Kopie des PSE markiert, z. B. grün umkreist.

englischer Name	deutscher Name	Elementsymbol
iron	Eisen	Fe
mercury	Quecksilber	Hg
lead	Blei	Pb
sulfur	Schwefel	S
carbon	Kohlenstoff	C

c) Offene Antworten. Die Infotexte werden von den Schülerinnen und Schülern frei formuliert. Die Texte der folgenden Tabelle sind Beispiele.

englischer Name	Herkunft	Elementsymbol
Lithium	**Lithium** leitet sich von dem altgriechischen Wort *lithos* für Stein ab.	Li
Titanium	Der deutsche Chemiker KLAPROTH benannte das Element **Titan** in Anlehnung an das griechische Göttergeschlecht der Titanen.	Ti
Oxygen	LAVOISIER benannte das Element **Sauerstoff** nach den griechischen Wörtern *oxys* für sauer und *genes* für Erzeuger, also Säureerzeuger. Er nahm an, dass alle Säuren Sauerstoff enthalten.	O
Bromine	GAY-LUSSAC schlug den Namen **Brom** für das Element nach dem altgriechischen Wort *bromos* für Gestank aufgrund des stechenden Geruchs von Brom vor.	Br
Chlorine	**Chlor** wurde im Jahr 1810 von HUMPHRY DAVY nach der altgriechischen Bezeichnung *chloros* für hellgrün, frisch aufgrund der gelb-grünen benannt.	Cl
Potassium	**Kalium** wurde erstmals aus Pottasche (Pflanzenasche) isoliert, worauf sich der englische Name potassium bezieht. Der deutsche Name Kalium geht auf die arabische Bezeichnung *al-qalyah* für Pflanzenasche zurück. Der Chemiker KLAPROTH erkannte, dass Kalium ein neues Element und kein durch Pflanzenwuchs erzeugtes Produkt ist. Der Name Kalium wurde im Jahr 1809 von LUDWIG WILHELM GILBERT vorgeschlagen, das Elementsymbol K im Jahr 1814 von dem Schweden BERZELLIUS.	K

d)

Elementsymbol	deutscher Name	Vorkommen im Songtext in Zeile
Li	Lithium	12
Na	Natrium	24
K	Kalium	18
Rb	Rubidium	9
Cs	Caesium	16
Fr	Francium	14

Hinweis: Auf die Sonderstellung von Wasserstoff ist hinzuweisen. Es sollte klargestellt werden, dass Wasserstoff zwar als erstes Element in der Hauptgruppe I verzeichnet ist, sich aber in seinen Eigenschaften stark von den restlichen Elementen der Hauptgruppe I unterscheidet und nicht deren Familie zugeordnet wird.

e) Die Elemente, die bereits DALTON bekannt waren, werden in der Kopie des Songtexts unterstrichen (z.B. rot) und in der folgenden Tabelle mit ihren historischen und ihren aktuellen Symbolen aufgeführt.
Hinweis: Vergleiche B6, Seite 34 im Schulbuch.

Name	DALTONS Symbol	Elementsymbol
Wasserstoff		H
Sauerstoff		O
Kohlenstoff	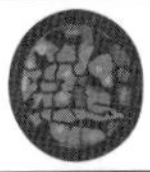	C
Schwefel		S
Zink		Zn
Eisen		Fe

f) Elemente, die nach einer Wissenschaftlerin oder einem Wissenschaftler benannt sind:

Elementsymbol und -name	Ordnungszahl	Wissenschaftler/ -in
Bh Bohrium	107	NIELS BOHR
Cn Copernicium	112	NIKOLAUS KOPERNIKUS
Cm Curium	96	MARIE UND PIERRE CURIE
Es Einsteinium	99	ALBERT EINSTEIN
Fm Fermium	100	ENRICO FERMI
Fl Flerovium	114	GEORGI FLJOROW
Gd Gadolinium	64	JOHAN GADOLIN
Lr Lawrencium	103	ERNEST ORLANDO LAWRENCE
Mt Meitnerium	109	LISE MEITNER
Md Mendelevium	101	DMITRI IWANOWITSCH MENDELEJEW
No Nobelium	102	ALFRED NOBEL
Rg Roentgenium	111	WILHELM CONRAD RÖNTGEN
Rf Rutherfordium	104	ERNEST RUTHERFORD
Sg Seaborgium	106	GLENN T. SEABORG

Kurztexte: Offene Antworten, je nach Schülerwahl.

g) Elemente, die nach einem Ort (Stadt, Land, Kontinent) benannt sind:

Ordnungszahl	Elementsymbol	Ort und Name des Elements
95	Am	Amerika: Americium
97	Bk	Berkeley (Kalifornien): Berkelium
63	Eu	Europa: Europium
110	Ds	Darmstadt: Darmstadtium
32	Ge	Deutschland: Germanium
105	Db	Dubna (Russland): Dubnium
87 bzw. 31	Fr bzw. Ga	Frankreich: Francium, Gallium
108	Hs	Hessen: Hassium
49	In	Indien: Indium (über die Farbe Indigo)
98	Cf	Kalifornien: Californium
72	Hf	Kopenhagen: Hafnium
116	Lv	Livermore (Kalifornien): Livermorium
71	Lu	Paris: Lutetium
84	Po	Polen: Polonium
75	Rh	Rhein: Rhenium
44 bzw.62	Ru bzw. Sm	Russland: Ruthenium, Samarium
21 bzw. 69	Sc bzw Tm	Skandinavien: Scandium, Thulium
38	Sr	Strontian (Schottland): Strontium
68, 65, 70,39	Er, Tb, Yb,Y	Ytterby (Schweden): Erbium, Terbium, Ytterbium, Yttrium
29	Cu	Zypern: Kupfer

Recherche: Offene Antworten, je nach Schülerwahl.

h) In den Experimenten aus Kapitel 1 wurden die Elemente Schwefel (sulfur), Eisen (Iron), Kohlenstoff (carbon), Platin (platinum), Sauerstoff (oxygen), Magnesium (Magnesium) und Zink (zinc) verwendet. Sie werden in der Kopie des Songtextes z.B. blau unterstrichen.

i) Nach der Vier-Elemente-Lehre bestand die Welt aus den Elementen Feuer- Wasser- Luft –Erde, denen die folgenden Symbolen zugeordnet waren.

Feuer	Wasser	Luft	Erde

Es gibt weitere Darstellungen wie z.B.:

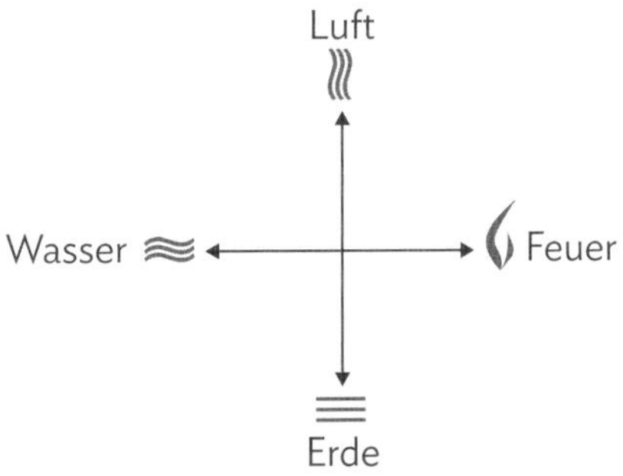

Auswertung Projektarbeit: Offene Ergebnisse.

ERARBEITUNG

A AUFGABEN — Schulbuchseite 79

A1 Nach DÖBEREINER wird die Atommasse des mittleren Elements einer Triade durch Mittelwertbildung der beiden anderen Elemente bestimmt. Strontium ist das mittelschwere Element der Triade Calcium – Strontium – Barium.
Calcium hat eine Atommasse von 40,1 u, die Atommasse von Barium ist 137, 3 u.
Damit ergibt sich für Strontium eine Atommasse von (40,1 u + 137,3 u) : 2 = 88, 7 u.

A2 In der Darstellung von MENDELEJEW sind die Elemente mit ähnlichen Eigenschaften nebeneinander in waagerechten Reihen angeordnet. In der heute üblichen Darstellung des Periodensystems stehen diese Elemente in Spalten, den sogenannten Hauptgruppen, untereinander. Das System von MENDELEJEW weist insgesamt schon große Ähnlichkeit mit dem heutigen System auf. Einige Elemente, die zu Zeiten MENDELEJEWS noch nicht entdeckt waren, fehlen (z.B. Gallium und Germanium).

A AUFGABEN — Schulbuchseite 81

A1 Element mit der Ordnungszahl 8: Sauerstoff; Element mit der Ordnungszahl 12: Magnesium; Element mit der Ordnungszahl 56: Barium

A2 Das Element, das in der Hauptgruppe II und in der 4. Periode steht, ist Calcium. Calcium ist ein silbrig glänzendes Metall. Es oxidiert schnell an der Luft.

A3 Die Elemente sind im heutigen Periodensystem nach steigender Atommasse angeordnet, in den Zeilen, den Perioden, nimmt die Atommasse von links nach rechts zu. Die Atommasse von Iod ist kleiner als die von Tellur, dennoch ist Iod vor Tellur eingeordnet. Bei diesen beiden Elementen steht die Ordnung nach gleichen Eigenschaften im Vordergrund. So ergibt sich hier eine Abweichung von der sonst üblichen Regelung der Ordnung nach Atommassen.
Iod besitzt ähnliche Eigenschaften wie Brom und Chlor und steht daher heute in der gleichen Hauptgruppe VII wie diese. Tellur hat ähnliche Eigenschaften wie Schwefel und Selen und steht daher heute auch in der Hauptgruppe VI.

A4 Bei „Eka-Aluminium" handelt es sich um das Element Gallium. Gallium ist ein silber-weißes, weiches Metall, das eine niedrige Schmelztemperatur von ca. 30 °C hat.

A5 Im Jahr 1868 wurde das erste Edelgas Helium entdeckt, das aber erst im Jahr 1892 spektroskopisch nachgewiesen werden konnte. Die Entdeckungen der anderen Edelgase erfolgten in den Jahren bis 1900. MEYER und MENDELEJEW konnten die anderen Edelgase noch nicht in ihr Periodensystem aufnehmen, da sie zu aufgrund ihrer Reaktionsträgheit zu MEYERS und MENDELEJEWS Wirkungszeit noch nicht entdeckt waren.

A6 Offene Antworten, je nach Schülerwahl und -recherche.

VERSUCHE UND MATERIAL

V AUSWERTUNG

Schulbuchseite 82

V1 V2 V3

a) Wird in **V1** ein Luftballon an die Haare gehalten, passiert zunächst nichts. Wird der Luftballon mit einem Wolltuch gerieben, bevor er den Haaren angenähert wird, werden die Haare vom Ballon angezogen und stehen „zu Berge".

b) Es handelt sich bei den Beobachtungen in **V1** bis **V3** nicht um chemische Reaktionen, da die Stoffe nach dem Versuch unverändert vorliegen und die gleichen Stoffeigenschaften besitzen.

M AUSWERTUNG

Schulbuchseite 83

M1

a) Die Simulation wird von den Schülerinnen und Schülern unter Mediencode 05001-06 betrachtet.

b) Skizze vom Aufbau des RUTHERFORDschen Streuversuchs:

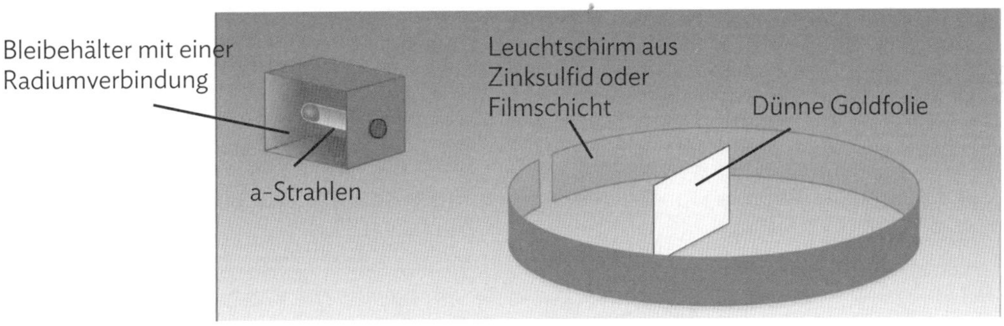

c) Der auseinandergerollte Filmstreifen könnte folgendermaßen aussehen:

Die Verteilung der Lichtblitze zeigt einen deutlichen Schwerpunkt in der Mitte des Films, einige weitere Blitze sind mit zunehmendem Abstand in abnehmender Anzahl zu sehen.

d) Die Flugbahnen der α-Teilchen durch die Gold-Atome im Kugelmodell werden von den Schülerinnen und Schülern unter Mediencode 05001-06 erkundet.

e) Der Großteil der α-Teilchen bewegt sich geradlinig durch die Goldfolie, einige α-Teilchen werden abgelenkt, wenige werden reflektiert. Die sich geradlinig bewegenden α-Teilchen ergeben die Lichtblitze auf der Mitte des Films, die abgelenkten α-Teilchen die links und rechts der Mitte befindlichen Lichtblitze und die reflektierten α-Teilchen die Lichtblitze ganz links und rechts außen auf dem Film.

M AUSWERTUNG

Schulbuchseite 83

M1

f) RUTHERFORD lehnte das Modell von THOMPSON ab, da die Menge der Lichtblitze auf der Mitte des Films darauf schließen ließ, dass der größte Teil der Atome leer sein müsste. Aus der Verteilung der Lichtblitze ist abzuleiten, dass es nur einen kleinen Bereich im Atom geben kann, an dem die α–Teilchen abgelenkt oder gar reflektiert werden. Dabei muss es sich um einen sehr kleinen Kern in der Mitte eines Atoms handeln. Das passt nicht zum Modell von THOMSON, das von über das ganze Atom verteilten Ladungen ausgeht. Wäre das Modell von THOMSON zutreffend, hätte RUTHERFORD deutlich mehr Lichtblitze durch abgelenkte oder reflektierte α–Teilchen beobachten müssen und weniger Lichtblitze in der Mitte des Filmes.

g) Das Schwärzungsmuster des fotografischen Films beim RUTHERFORDschen Streuversuch zeigt, dass das nur wenige (positiv geladene) α-Teilchen beim Durchtritt durch die Folie aus Gold-Atomen abgelenkt oder reflektiert werden. Daraus lässt sich schließen, dass Gold-Atome aus einem kleinen Kern mit positiver Ladung und einem deutlich größeren Bereich, der „leer“ ist, bestehen müssen.
Eine Schicht Gold-Atome wäre folgendermaßen darstellbar:

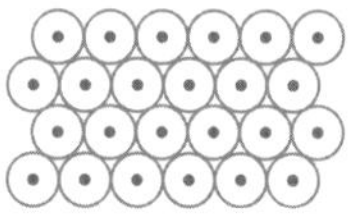

Begründung: Der Aufbau leitet sich aus dem Schwärzungsmuster des fotografischen Films ab.

h) Offene Antworten. Vgl. Animation unter Mediencode 05001-06.

ERARBEITUNG

A AUFGABEN

Schulbuchseite 85

A1 Alltägliche Beispiel für elektrische Aufladungen sind: aufgeladene Haare beim Ausziehen eines Pullovers; man bekommt „einen gewischt“, wenn man eine Türklinke berührt; Aufstellen der Haare, wenn man einen Luftballon an ihnen reibt; Styroporreste bleiben an der Hand „kleben“.

A2 Entlädt man sich nicht an einem Metall, so kann es zu einer Beschädigung der Elektronik im Computer kommen, da die übertragende Ladung, die empfindlichen Bauteile überlasten und zerstören kann.

A3 „Elektron“ leitet sich von der griechischen Bezeichnung für Bernstein ab. An diesem wurde zum ersten Mal der Effekt der Ladungsübertragung durch Reibung beobachtet.

A4 Heute ist durch Experimente belegt, dass ein Atom aus mehreren Bestandteilen besteht (Elektron, Proton, Neutron und weitere Kernbausteine). Diese lassen sich auch aus dem Atom entfernen. Ein Atom ist also nicht unteilbar.

A AUFGABEN

Schulbuchseite 87

A1

Element	Anzahl Protonen	Anzahl Neutronen	Anzahl Elektronen
Lithium	3	4	3
Calcium	20	20	20
Sauerstoff	8	8	8

A2 Ein Atom ist nach außen hin elektrisch neutral. Aus diesem Grund muss es die gleiche Anzahl an positiven Ladungen (Protonen) wie an negativen Ladungen (Elektronen) enthalten.

A3

Element	Hauptgruppe	Periode	Protonen	Elektronen	Neutronen
Phosphor	V	3	15	15	16
Beryllium	II	2	4	4	5
Silicium	IV	3	14	14	14

VERSUCHE UND MATERIAL

M AUSWERTUNG

Schulbuchseite 88, 89

M1

a)

Aussage	DALTON	THOMSON	RUTHERFORD
Der Atomkern bestimmt die Masse eines Atoms.			✓
Das Atom enthält Elektronen.		✓	✓
Der größte Teil des Atoms ist leerer Raum.			✓
Das Atom ist unteilbar.	✓		
Die negative Ladung ist über das ganze Atom verteilt.		✓	
Die Atome verschiedener Elemente unterscheiden sich in ihrer Masse.	✓	✓	✓
Das Atom enthält positive Ladungen.		✓	✓
Die negativen Ladungsträger befinden sich nicht im Atomkern.			✓

b) Der Vergleich mit einem Rosinenkuchen wird herangezogen, da man nach dem Modell davon ausgeht, dass die Elektronen unregelmäßig wie Rosinen in einem Kuchen in dem ansonsten positiv geladenen Atom verteilt sind.

c) Der Pfirsichkern repräsentiert den Atomkern mit den Protonen und Neutronen, das Fruchtfleisch den leeren Raum, in dem die Elektronen um den Kern kreisen.
Hinweis: Der Vergleich mit einem Pfirsich hinkt insofern, als der Pfirsichkern im Verhältnis zur Gesamtgröße des Pfirsichs sehr groß ist, der Atomkern im Verhältnis zur Gesamtgröße eines Atoms dagegen sehr klein.

d) Der Durchmesser der Erde beträgt etwa 12700 km. Da die Atomhülle ca. 10000-mal größer als der Kern ist, hätte der Atomkern einen Durchmesser von 1,27 km, wenn die Atomhülle so groß wie die Erde wäre.

ERARBEITUNG

A AUFGABEN
Schulbuchseite 91

A1 Ein Aluminium-Atom, in dessen Hülle sich nur noch zwei Elektronen befinden, wäre ein Aluminium-Ion mit der Ladung +11. Dieser Zustand ist sehr unwahrscheinlich, da Aluminium in aller Regel nur drei Elektronen abgibt.

A2 Offene Antworten; individuelle Schülerzeichnungen.
Beispiel:

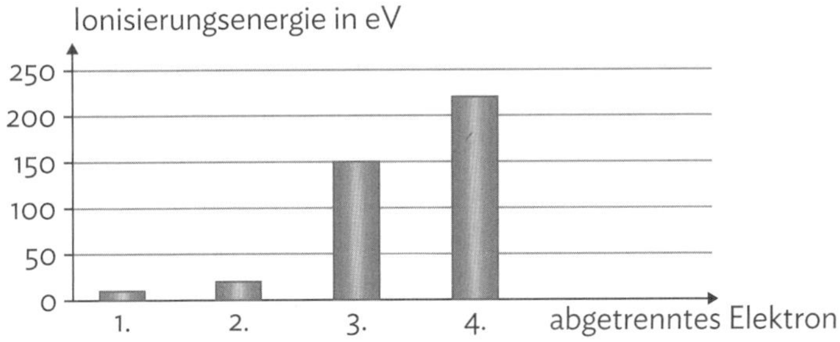

A AUFGABEN
Schulbuchseite 93

A1 Zeichnung des Schalenmodells für ein Kohlenstoff-Atom:

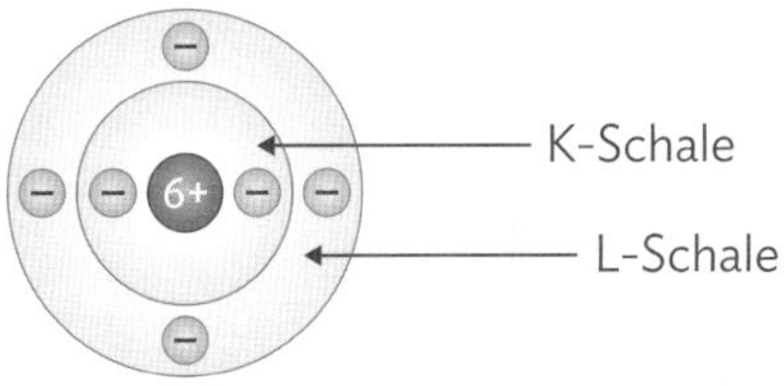

A2 Bei dem Element Neon ist die L-Schale voll besetzt.

A AUFGABEN
Schulbuchseite 95

A1 Lithium-, Natrium- und Kalium-Atome haben alle in der äußersten Schale nur ein Elektron. Ebenfalls haben sie alle in der innersten Schale, der K-Schale, zwei Elektronen. Lithium hat nur drei Elektronen, die sich in nur zwei Schalen befinden, in der K-Schale und in der L-Schale. Bei Natrium-Atomen, mit elf Elektronen, sind die K-Schale und die L-Schale voll besetzt, ein Elektron befindet sich in der M-Schale. Bei Kalium-Atomen sind die K-, L- und die M-Schalen voll besetzt, ein weiteres Elektron befindet sich in der N-Schale.

A2 In der Elektronenschreibweise werden die einzelnen Valenzelektronen eines Atoms als Punkte um das entsprechende Elementsymbol dargestellt (vgl. Fachmethode, Schulbuchseite 95).
Danach ist die Elektronenschreibweise für die Atome von Lithium, Natrium, Stickstoff und Chlor wie folgt:

$$\mathrm{Li}\cdot \quad \mathrm{Na}\cdot \quad \cdot\dot{\underset{\cdot}{\mathrm{N}}}\cdot \quad \cdot\ddot{\underset{\cdot\cdot}{\mathrm{Cl}}}\cdot$$

Die Darstellung von Lithium und Natrium ist mit je einem Punkt (Elektron) identisch, da beide Atome über ein Valenzelektron, ein Elektron in der äußersten mit Elektronen besetzten Schale, verfügen.
Die Valenzelektronen von Lithium und Natrium befinden sich allerdings in verschiedenen Schalen, bei Lithium ist es in der L-Schale, bei Natrium in der M-Schale.

FACHMETHODE: Modelle entwickeln

A AUFGABEN

Schulbuchseite 97

A1 Nach dem Kern-Hülle-Modell umkreisen negativ geladene Elektronen einen positiv geladenen Kern. Wie die Aufenthaltsorte der Elektronen beschaffen sind, geht aus dem Modell nicht hervor. BOHR betrachtete die Daten des Wasserstoff-Atoms: seine Größe, die typischen Wellenlängen des Linienspektrums des Wasserstoffs sowie die Ionisierungsenergie. Er kam zu dem Schluss, dass Elektronen nicht willkürlich Kreisbahnen ziehen, sondern auf diskreten Bahnen um den Atomkern kreisen und dass es „verbotene" Bereiche gibt. Quantensprünge von Elektronen zwischen diesen Bahnen sind begleitet durch typische Emissionen oder Absorptionen, deren Energie messbar ist, womit die Abstände zwischen den Bahnen (die Energiedifferenzen zwischen den stationären Zuständen, den Energieniveaus) ermittelbar werden.

Schritt 1) Das RUTHERFORDsche Atommodell (Kern-Hülle-Modell) ist gültig.

Schritt 2) Die Tatsache, dass Emissionslinien bestimmter Energiezustände beobachtbar sind, passt nicht zu der Vorstellung von Elektronen, die willkürlich kreisförmig um einen Kern schwirren.

Schritt 3) Die Betrachtung der Kreisbahnen muss verfeinert werden: Elektronen können sich nur auf diskreten Bahnen um den Atomkern, auf bestimmten Energieniveaus um den Atomkern bewegen.

Die Energie der jeweiligen Niveaus lässt sich über die Betrachtung des Linienspektrums eines Elements ermitteln, das sich aus Quantensprüngen von Elektronen zwischen verschiedenen Energieniveaus ergibt.

Schritt 6) Fazit: Das Elektronenschalenmodell ist die Weiterentwicklung des Kern-Hülle-Modells.

EXKURS > Moorleichen, Isotope und die Radiocarbonmethode

A AUFGABEN

Schulbuchseite 98, 99

A1 Die Wortteile von „Radiocarbonmethode“ sind: Radio – carbon – methode.
Der Wortteil „Radio“ leitet sich von *radius* (lat.) = Strahl ab und steht für Strahlung. Er bezieht sich auf die radioaktive Strahlung, die beim Zerfall der Kohlenstoff-Atome ^{14}C freigesetzt wird.
Der Wortteil „carbon“ leitet sich von *carbo* (lat.) = Holzkohle ab und steht für Kohlenstoff, da Holzkohle bis zu 90 % aus Kohlenstoff besteht. Er bezieht sich auf das Element Kohlenstoff, dessen Isotope bei dieser Methode genutzt werden.
Der Wortteil „methode“ bedeutet geplante Vorgehensweise.
Mit der Radiocarbonmethode kann der Anteil an radioaktiver Strahlung, die beim Zerfall der Kohlenstoff-Atome ^{14}C-Atome freigesetzt wird, untersucht und so das Alter einer Probe organischen Ursprungs bestimmt werden.

A2 Die Radiocarbonmethode eignet sich nur zur Altersbestimmung von Proben, die organischen Ursprungs sind, also Kohlenstoff-Atome enthalten. Aus diesem Grund ist diese Methode für die Altersbestimmung eines Kupfergefäßes nicht geeignet. Mit ihr lassen sich hier höchstens Reste von Nahrungsmitteln in dem Gefäß auf ihr Alter bestimmen. Bei Saurierknochen sind noch Reste von Gewebe finden, allerdings sind die Knochen zu alt für eine Bestimmung mit der Radiocarbonmethode, da in der Zeit vom Tod eines Sauriers bis heute bereits zu viele Kohlenstoff-Isotope zerfallen sind.

EXKURS > Forschung im Teilchenbeschleuniger

A AUFGABEN

Schulbuchseite 99

A1 Offene Antworten; individuelle Schülerreferate.

2.4 Die Edelgase

VERSUCHE UND MATERIAL

M AUSWERTUNG

Schulbuchseite 100

M1

a) Sauerstoff reagiert mit vielen anderen Stoffen (z. B. bei der Verbrennung), Sauerstoff ist reaktionsfreudig und nicht „reaktionsträge“ wie die Edelgase.

b)

Elementsymbol	deutscher Name	griechischer Name	Bedeutung des griechischen Namens
He	Helium	hélios	Sonne
Ne	Neon	neos	neu
Ar	Argon	argon	das träge Element
Kr	Krypton	krypton	versteckt, verborgen
Xe	Xenon	xenos	fremd
Rn	Radon	von *radius* (lat.) = Strahl	Bedeutung des lateinischen Namens: aus Radium Herausgehendes

c) Die von PRIMO LEVI beschriebenen Elemente verbinden sich nicht (bzw. nur unter „Zwang“) mit anderen chemischen Elementen oder Verbindungen. Sie sind so reaktionsträge, weil sie bis auf Helium (zwei Valenzelektronen) eine stabile Valenzschale mit jeweils acht (Valenz)Elektronen haben. Sie kommen daher atomar vor. Von daher ist es gerechtfertigt, sie als „Singles“ zu bezeichnen.

M AUSWERTUNG

Schulbuchseite 101

M2

a) Elektronenschalenmodell des Helium-Atoms He

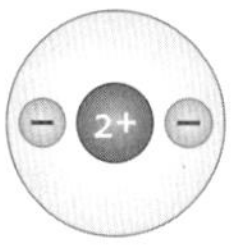

M3

b) Beispiel für einen Steckbrief für das Element Neon:

Steckbrief Neon	
Elementsymbol:	Ne
Ordnungszahl:	10
Gruppe:	Edelgase; Hauptgruppe VIII
Periode:	2
Aussehen:	farblos
Entdecker:	WILLIAM RAMSAY
Jahr der Entdeckung:	1898
Atommasse:	20,18 u
Aggregatzustand:	gasförmig
Dichte:	$0{,}900\ kg \cdot m^{-3}$
Siedepunkt:	-246 °C
Elektronegativität:	---
Verwendung:	Neonröhren (Glimmentladungsröhren), Kältemittel
Gewinnung:	durch fraktionierte Destillation flüssiger Luft

c) Offene Antworten, je nach Schülerwahl und -recherche.

d) Neon wäre ebenfalls als Ballongas geeignet, da die Atommasse und damit die Dichte kleiner als die von Stickstoff und Sauerstoff (als Hauptbestandteile der Luft) ist. Allerdings ist der Auftrieb dieses Edelgases sehr gering und das Gas im Vergleich zu Helium teuer.

ERARBEITUNG

A AUFGABEN Schulbuchseite 103

A1 Fluor ist vor und Natrium nach dem Edelgas Neon im PSE angeordnet. Chlor ist vor und Kalium nach dem Edelgas Argon im PSE angeordnet.

A2 Bereits im Jahre 1785 unternahm HENRY CAVENDISH Versuche mit Luft, bei denen er alle Komponenten abtrennte und schließlich eine kleine Gasblase zurückbehielt. Er hatte, ohne es zu wissen, als Erster Edelgase abgetrennt. Die Bedeutung dieser Entdeckung blieb viele Jahre unerkannt. Erst im Jahre 1894 gelang es WILLIAM RAMSAY und LORD RAYLEIGH, mit Argon das erste Edelgas nachzuweisen. Das Edelgas wurde erst so spät entdeckt, da es wie alle Edelgase sehr reaktionsträge ist und nicht sehr häufig vorkommt.

A3 *Beobachtungen*: Luftballon A steigt schnell in die Höhe, Luftballon B sinkt sehr langsam, Luftballon C sinkt sehr schnell.
Zuordnung der Ballons zu Edelgasen: Das Gas in Ballon A ist Helium, da Helium eine deutlich geringere Dichte als Luft hat. Das Gas in Ballon B ist Argon, dessen Dichte etwas größer als die Dichte von Luft ist. Das Gas in Ballon C könnte Krypton oder Xenon sein, die Dichte beider Gase ist deutlich höher als die der als Luft.

A AUFGABEN Schulbuchseite 105

A1 **a)** Einem Chlor-Atom fehlt ein Elektron und einem Sauerstoff-Atom fehlen zwei Elektronen, um ein Elektronenoktett zu erreichen.

b) Ein Natrium-Atom müsste ein Elektron und ein Magnesium-Atom müsste zwei Elektronen abgeben, um die Edelgaskonfiguration von Neon zu erreichen.

A2 Edelgasröhren sind nach folgendem Prinzip aufgebaut:

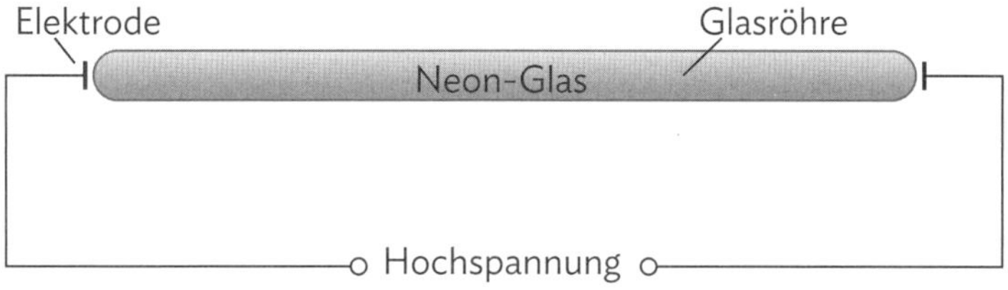

Die Farben, die mit den einzelnen Edelgasen erzeugt werden können, sind:
Helium He: gelb-weiß; Neon Ne: scharlachrot; Argon Ar: blau-violett; Krypton Kr: gelb-grün; Xenon Xe: violett.

Bei der Leuchtreklame in B6 wird die blau-violette Farbe des Glases mit Argon, die grüne Farbe des Löffels mit Xenon oder Krypton, die weiß-gelbe Farbe des Löffelstiels mit Helium und die rote Farbe des Schriftzugs mit Neon erzeugt.

ZUM ÜBEN UND WEITERDENKEN

A AUFGABEN

Schulbuchseite 106, 107

A1

Element, Elementsymbol	Namensgebung	Infotext
Curium Cm	von (engl.) *curium*; zu Ehren von MARIE und PIERRE CURIE	Das Element Curium wurde nach PIERRE und MARIE CURIE benannt. Curium ist ein silbergrau glänzendes und radioaktives Schwermetall. An der Luft läuft es schnell an. Curium kommt nicht natürlich vor. Es wird künstlich in Kernreaktoren hergestellt.
Kupfer Cu	von (engl.) *copper*; von (lat.) *cuprum*: „Erz aus Zypern“	Das rötlich glänzende Kupfer ist ein Schwermetall. Reines Kupfer ist zäh und trotzdem gut bearbeitbar, es lässt sich z.B. zu Blechen und Drähten formen. Wegen der guten elektrischen Leitfähigkeit werden aus Kupfer Kabel hergestellt.
Caesium Cs	von (engl.) *caesium*; von (lat.) *caesius*: „blaugrau“	Das gold-gelbe Caesium ist sehr weich. Es lässt sich in einer Ampulle durch Handwärme schmelzen und hat nach Quecksilber den niedrigsten Schmelzpunkt aller Metalle. Caesium verbrennt an der Luft spontan, daher wird es in Ampullen unter einem Schutzgas aufbewahrt. Es wird zur Herstellung von lichtempfindlichen Fotozellen in der Elektronik verwendet.
Promethium Pm	von (engl.) *promethium*; nach der griechischen Sagengestalt PROMETHEUS	Promethium ist ein silbrig glänzendes und radioaktives Schwermetall. Es wurde im Jahr 1945 als Spaltprodukt des Urans entdeckt. Den Namen Promethium wählte man in Anlehnung an PROMETHEUS, der den Menschen das Feuer brachte und so den Zorn der Götter erweckte. Der Name entstand als Warnung an die Menschheit zur Zeit des nuklearen Wettrüstens.

A2 Weitere Metalle, die bei Körpertemperatur flüssig sind oder werden, sind Caesium, Francium und Quecksilber.

A3 Element *Indium In*: Ordnungszahl: 49; Atommasse: 114,8 u; Periode: 5; Hauptgruppe: III

A4 *Stickstoff hat die Ordnungszahl 7. Die Atommasse eines Stickstoff-Atoms beträgt 14,0 u. Stickstoff steht in der Hauptgruppe V. In der 2. Periode stehen außer Stickstoff die Elemente Lithium, Beryllium, Bor, Kohlenstoff, Sauerstoff, Fluor und Neon.*

A5 Schwefel steht in der Hauptgruppe VI und hat damit sechs Valenzelektronen. Schwefel steht in der 3. Periode, daher ist die K- und die L-Schale bei einem Schwefel-Atom voll besetzt mit zwei bzw. acht gleich zehn Elektronen. Mit sechs Valenzelektronen und zehn Elektronen der Schale K- und L-Schale hat ein Schwefel-Atom 16 Elektronen. Da ein Atom nach außen neutral ist, hat ein Schwefel-Atom auch sechzehn Protonen.

A6 **a)** RUTHERFORD erwartete bei seinem Streuversuch eine größere Ablenkung der α-Teilchen, da er davon ausging, dass ein Atom neben Elektronen aus einem positiven Rest besteht, von dem die α-Teilchen abgestoßen und somit abgelenkt werden. Die Mehrzahl der α-Teilchen „flog“ jedoch ohne Ablenkung durch die Goldfolie, also durch eine „Leere“ wie durch einen „körperlosen Geist“.

b) Aufgrund des Rosinenkuchenmodells erwartete man, dass die α-Teilchen abgelenkt werden, wenn sie in die Nähe der positiv geladenen Reste der Atome kommen, weil sich gleich geladene Teilchen abstoßen.

A7 Die Anziehungskräfte, die vom positiv geladenen Atomkern auf die negativ geladenen Elektronen ausgehen, nehmen zu, je mehr Elektronen abgegeben werden. Die negative Ladung der Elektronen nimmt im Verhältnis zur gleichbleibenden positiven Ladung des Atomkerns ab. Somit wird mehr Energie für die Abtrennung eines zweiten Elektrons nötig.

A8 **a)**

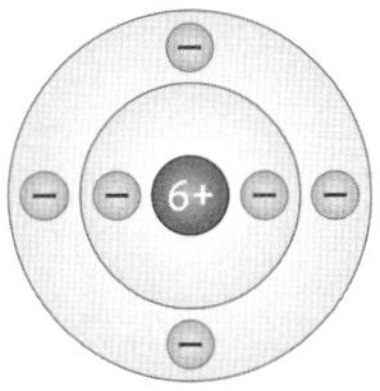

b) *Hinweis*: Die Aufgabe A8 b) im Schulbuch auf Seite 106 muss geändert werden in:
Vergleiche die Erstionisierungsenergie von Kohlenstoff mit der von Silicium. Erkläre den Unterschied.

Lösung: Die Erstionisierungsenergie von Kohlenstoff ist größer als die von Silicium. Kohlenstoff steht in der 2. Periode und die Valenzelektronen befinden sich in der L-Schale. Silicium steht in der 3. Periode und die Valenzelektronen befinden sich in der M-Schale. Das heißt, dass die Abspaltung eines Elektrons bei einem Silicium-Atom weniger Energie erfordert als bei einem Kohlenstoff-Atom, weil das Elektron bei Silicium weniger stark von der positiven Ladung des Atomkerns angezogen wird.

A9 **a)** RUTHERFORD hat mit den Ergebnissen aus seinem Streuversuch das Rosinenkuchenmodell *weiterentwickelt*. Es musste ein *verfeinertes* Modell entwickelt werden.

b) Die Ionisierungsenergien, die gemessen wurden, sind *Grundlage für die Entwicklung* des Elektronenschalenmodells.

A10

Hauptgruppe	senkrechte Spalte
Ordnungszahl	links oben am Elementsymbol
Periode	waagerechte Zeile
Atommasse	Zahl links unten am Elementsymbol
Edelgase	Hauptgruppe VIII

A11 Elektronenschreibweise für die Atome der Elemente Schwefel, Gallium, Magnesium und Xenon:

:Ṩ: ·Ġa· ·Mg· :Ẍ̤e:

ZUM ÜBEN UND WEITERDENKEN

A12 Stickstoff und Neon stehen in derselben Periode, der 2. Periode, weil bei den Atomen beider Elemente zwei Elektronenschalen mit Elektronen besetzt sind. Die drei Elemente Stickstoff, Neon und Schwefel stehen in verschiedenen Hauptgruppen, was sich aus der unterschiedlichen Anzahl an Valenzelektronen ergibt.

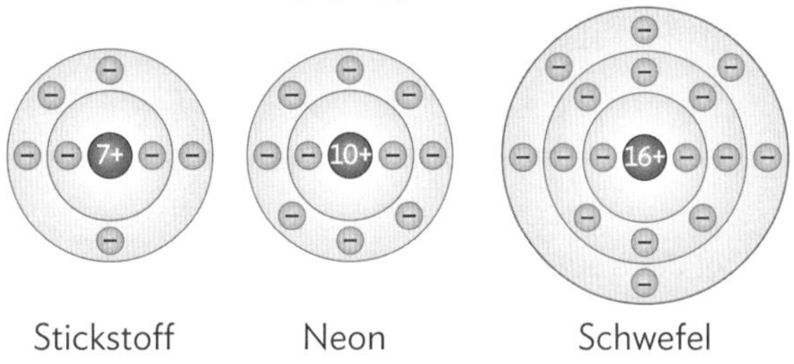

A13 **a)** Schwefel-Atome erreichen durch Aufnahme von Elektronen eine Edelgaskonfiguration.

b) Ein Aluminium-Atom muss drei Elektronen abgeben, um Edelgaskonfiguration zu erreichen.

A14 Tauchflaschen sind mit einem Gasgemisch aus Stickstoff und Sauerstoff gefüllt. Der Sauerstoffanteil in diesem Gasgemisch ist im Vergleich zu normaler Luft (in der Regel zwischen 32 % und 40 % statt 21 %) erhöht.

A15

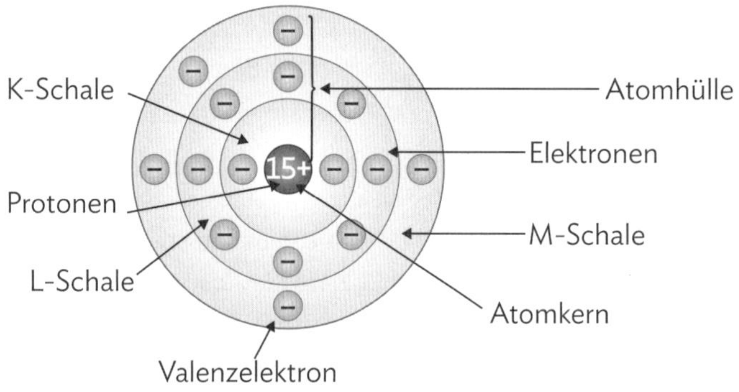

A16 Die Goldfolie bestand aus einer Schicht von 1000 Gold-Atomen mit einem Durchmesser von je 270 pm, die Schicht hatte damit eine Dicke von 1000 · 270 pm = 270 000 pm.
Umrechnung in Meter: Mit 1 pm = 0,000 000 000 001 m ergibt sich für die Schicht eine Dicke in Metern von 270 000 · 0,000 000 000 001 m = 0,000 000 270 000 m.

A17

1 BECQUEREL
2 WARSCHAU
3 PECHBLENDE
4 CHEMIE
5 SANCELLEMOZ
6 RADIUM
7 SKLODOWSKA
8 STRAHLUNG
9 CURIE
10 VERKEHRSUNFALL
11 PIERRE
12 THORIUM
13 LEUKÄMIE
14 RÖNTGENSTATION

M1 Eine alternative Darstellung des Periodensystems der Elemente

Schulbuchseite 108

A1 Das Periodensystem von THEODOR BENFEY beginnt mit dem Element Wasserstoff, dem Element mit der geringsten Atommasse. Wasserstoff mit dem Elementsymbol H steht innen, im Zentrum der Darstellung. Die anderen Elemente der der acht Hauptgruppen sind dann nach steigender Atommasse spiralförmig im Uhrzeigersinn im Kreisbereich der Grafik (linker Bereich) angeordnet. Dabei ist ein Element umso weiter vom Mittelpunkt entfernt, je größer seine Atommasse ist. Die Elemente der Nebengruppen sind im rechten Bereich der Darstellung („fingerförmiger" Bereich) zu finden.

A2 Die Hauptgruppen befinden sich im kreisförmigen, im linken, Bereich der Darstellung.

A3 Die Elemente der Hauptgruppen sind um das Zentrum des kreisförmigen Bereichs (Wasserstoff H) herum angeordnet. Dabei nimmt die Atommasse der Elemente jeweils innerhalb einer Hauptgruppe von innen nach außen hin zu. Somit steht das Element mit der größten Atommasse jeder Hauptgruppe außen.

A4 Heute hat sich die Darstellung des Periodensystems der Elemente nach dem Muster von MEYER und MENDELEJEW durchgesetzt, da sie übersichtlicher, leichter zu setzen, zu drucken und zu lesen ist: Sie kann, unseren Lesegewohnheiten folgend, von links nach rechts und von oben nach unten gelesen werden.

A5 Offene Antworten, je nach Schülerrecherche.
Beispiele: Blumen-Periodensystem: Das PSE ist räumlich aufgebaut, dabei werden die Elemente nach steigender Ordnungszahl entlang eines Bandes so aufgewickelt, dass die Elemente einer Hauptgruppe übereinander stehen. Die Atommasse nimmt dabei von oben nach unten zu. Die Nebengruppenelemente, die Actinoide und die Lanthanoide bilden eine Art Schlaufe und werden nicht mit den Hauptgruppenelementen zusammen dargestellt.
System nach ZMACZYNSKI & BAYLEY: Das PSE ist pyramidenförmig aufgebaut, wobei die Elemente mit der geringsten Atommasse die Pyramidenspitze bilden. Die Hauptgruppenelemente stehen nicht immer direkt untereinander, sie sind mit Linien verbunden.

ZUM ÜBEN UND WEITERDENKEN

M2 Größenverhältnisse in einem Atom — Schulbuchseite 109

A1 In der Stadionvorstellung hätte der Atomkern die Größe eines Kirschkerns.

A2 Berechnung der Größe eines Atomkerns: 190 m : 10 000 = 0,019 m = 1,9 cm, was in etwa der Größe eines Kirschkerns entspricht. Damit stimmt die Schätzung (vgl. A1) mit dem Rechenergebnis überein.

A3 Offene Antworten.
Beispiel: Wenn der Atomkern einen Durchmesser wie ein Stecknadelkopf von 1 mm hätte, dann wäre der Durchmesser des Atoms ca. 100 m, was z. B. der Höhe eines sehr hohen Kirchturms entspräche.

M3 Tendenzen im Periodensystem der Elemente — Schulbuchseite 109

A1 Innerhalb einer Hauptgruppe nimmt der Atomdurchmesser von oben nach unten zu.

A2 In der Hauptgruppe I nimmt der Atomdurchmesser von oben nach unten zu, da von Periode zu Periode eine Elektronenschale hinzukommt. Die äußerste Schale der Elemente der Hauptgruppe I hat jeweils ein Valenzelektron.

A3 *Gemeinsamkeiten:* Alle Elemente der 2. Periode haben zwei Elektronenschalen, damit sind bei allen Elementen der 2. Perioden die K- und die L-Schale mit Elektronen besetzt.
Unterschiede: Die Anzahl der Protonen und damit auch der Elektronen nimmt bei den Elementen einer Periode von Hauptgruppe zu Hauptgruppe, also von links nach rechts, jeweils um eins zu. In der 2. Periode hat das Element der Hauptgruppe I, Lithium Li, drei Protonen im Kern, zwei Elektronen in der K-Schale und ein Elektron in der L-Schale. Das Element der Hauptgruppe VIII, Neon Ne, hat zehn Protonen im Kern, zwei Elektronen in der K-Schale und acht Elektronen in der L-Schale, die damit voll besetzt ist.

A4 Innerhalb einer Periode bleibt die Anzahl der Elektronenschalen gleich. Mit steigender Anzahl an Protonen im Atomkern (Zunahme der Kernladungszahl) nimmt jedoch die Anziehung des Atomkerns auf die Elektronen von Element zu Element (von links nach rechts innerhalb der Periode) zu und damit der Atomdurchmesser innerhalb der Periode von links nach rechts ab.

VERSUCHE UND MATERIAL

V AUSWERTUNG

Schulbuchseite 118

V1
V2

a) Die drei farblosen Gase Sauerstoff, Kohlenstoffdioxid und Stickstoff aus **V1** und **V2** können gut unterschieden werden. In **V1** wird der Sauerstoff aus der Raumluft beim Verbrennen der Kerze verbraucht, im Becherglas bleibt ein Gasgemisch zurück, dessen Kohlenstoffdioxidanteil höher ist als der in der Raumluft. Leitet man dieses kohlenstoffdioxidreiche Gasgemisch bzw. Kohlenstoffdioxid in Kalkwasser, die Lösung aus Calciumhydroxid in Wasser, ein, entsteht der weiße Feststoff Calciumcarbonat und die Lösung wird milchig (weißlich trüb). Leitet man dagegen Raumluft oder Sauerstoff in Kalkwasser ein, entsteht kein Niederschlag. **V2** zeigt, dass ein glimmender Holzspan in Sauerstoff wieder heftig aufflammt, in Kohlenstoffdioxid erlischt und in Stickstoff regelrecht „erstickt" wird.

V AUSWERTUNG

Schulbuchseite 119

LV3

a) Von den 100 ml Luft, die eingesetzt werden, verbleiben etwa 80 ml Gas im Kolbenprober. Bei Luft muss es sich damit um ein Gemisch aus mindestens zwei Bestandteilen handeln (20 ml Gas, die reagiert haben, und 80 ml Gas, die übrig bleiben). Luft ist somit kein Reinstoff, sondern ein Stoffgemisch.

b) Eisen und Sauerstoff reagieren zu Eisenoxid.

c) Damit der Sauerstoff, der in der Luft vorhanden ist, möglichst vollständig reagieren kann, muss eine ausreichend große Menge Eisenwolle vorhanden sein. Liegt zu wenig Eisenwolle vor, kann man nicht sicher sein, dass der Sauerstoff im Kolbenprober vollständig reagiert hat. Das hat zur Folge, dass der Sauerstoffanteil der Luft nicht richtig ermittelt wird, also das Ergebnis ungenau ist.

ERARBEITUNG

A AUFGABEN

Schulbuchseite 121

A1 In **LV3**, Schulbuchseite 119, wurde gezeigt, dass bei der Verbrennung von Eisenwolle ein Restgas in der Apparatur zurückbleibt. Luft besteht daher mindestens aus zwei Stoffen: dem Restgas und dem Gas, das mit der Eisenwolle reagiert. Luft kann daher kein Reinstoff sein, Luft ist ein Stoffgemisch.

A2 Offene Antworten.
Hinweis: Alternativ zur Darstellung im Kreisdiagramm (vgl. AM Ein Kreisdiagramm erstellen, Schulbuchseite 121) wählen die Schülerinnen und Schüler für die Darstellung der Volumenanteile der verschiedenen Gase in Luft in der Regel ein Säulen- bzw. ein Balkendiagramm (vgl. auch FM Diagramme erstellen und interpretieren, Schulbuchseite 180, 181). Von Schülerinnen und Schülern, die zu Hause mit dem Umgang einer Tabellenkalkulation vertraut sind, wird ggf. auch ein Tortendiagramm als Darstellungsweise gewählt.
Beispiel für die Darstellung der Zusammensetzung der Luft als Säulendiagramm (Balkendiagramm):

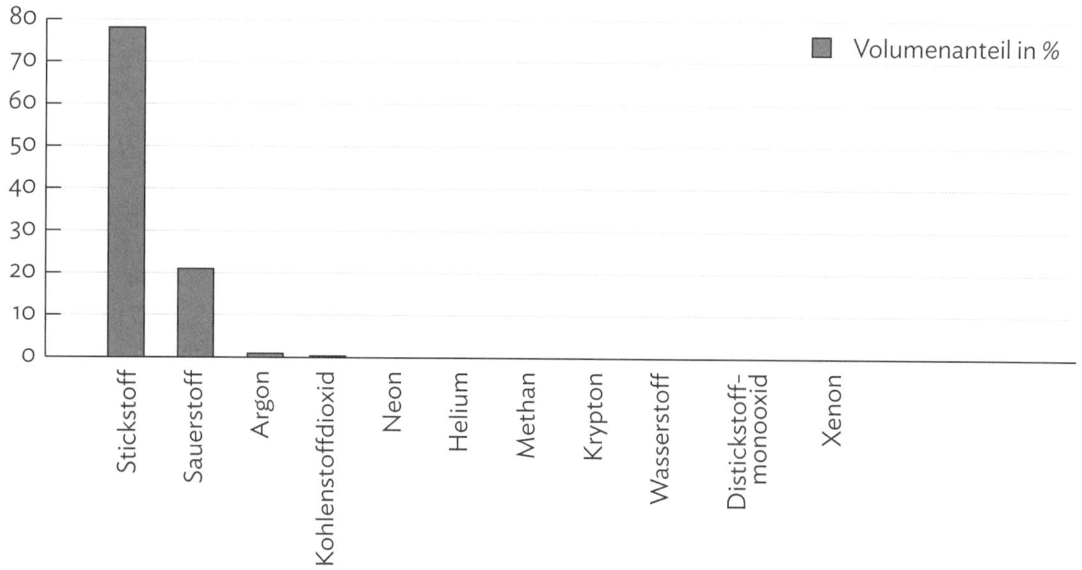

A3 Offene Antworten.
Hinweis: In den Antworten sollten folgende Punkte berücksichtigt werden:
Vorteile Kreisdiagramm: Die Darstellung im Kreisdiagramm ist sehr überschaubar für den Leser. Eine Manipulation der Daten ist bei dieser Darstellungsweise schwierig.
Nachteile Kreisdiagramm: Ein Kreisdiagramm ist schwierig (umständlich) anzufertigen, da die prozentualen Volumenanteile der einzelnen Gase der Luft erst in Winkel in Grad umgerechnet werden müssen. Zudem benötigt man zum Zeichnen einen Winkelmesser, einen Zirkel, ein Lineal usw. Man kann folglich auch die Volumenanteile der Gase nicht direkt ablesen, es sei denn, man gibt die prozentuale Verteilung der Daten im Diagramm mit an.
Vorteile Säulendiagramm: Ein Säulendiagramm (Balkendiagramm) ist überschaubar für den Leser, leicht zu zeichnen und direkt (ohne Umrechnung) ablesbar. Diese Darstellungsweise kann auf fast alle Arten von Beobachtungen angewendet werden.
Nachteile Säulendiagramm: Die Darstellung der Daten lässt sich leicht manipulieren.

ERARBEITUNG

A AUFGABEN

Schulbuchseite 123

A1 Steckbrief Kohlenstoffdioxid

- geruchloses, farbloses Gas; Dichte bei 0 °C: 1,98 g/ L.
- Siedetemperatur ϑ_b = – 57 °C
- Schmelztemperatur ϑ_m = – 79 °C (Sublimation)
- gut löslich in Wasser; ab einem Volumenanteil von 8 % in der Luft gefährlich für Menschen und Tiere
- Nachweis: Kalkwasserprobe

A2 Beschriftete Schülerskizze in etwa wie:

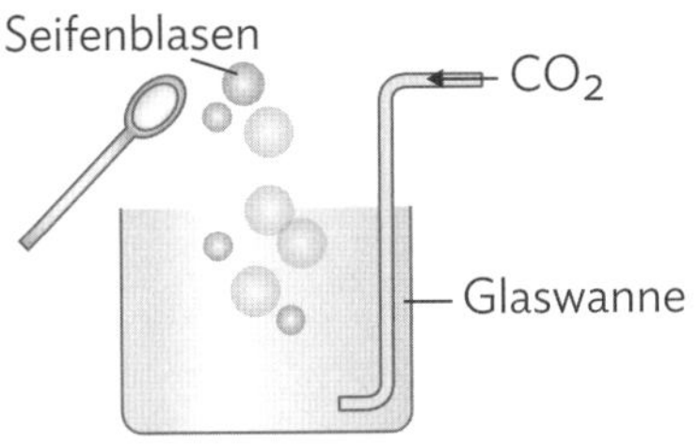

In dem mit Kohlenstoffdioxid befüllten Glasgefäß sinken die Seifenblasen nicht zu Boden. Grund dafür ist, dass Kohlenstoffdioxid eine höhere Dichte als Luft hat. Dadurch sinkt Kohlenstoffdioxid nach unten und die luftgefüllten Seifenblasen „schweben“ aufgrund der im Vergleich zu Kohlenstoffdioxid geringeren Dichte von Luft über dem Kohlenstoffdioxid.

A3 Den Ausspruch „Fenster auf! Hier ist schlechte Luft.“ hört man besonders dann, wenn sich mehrere Menschen in einem geschlossenen Raum befinden. Menschen verbrauchen bei ihrer Atmung Sauerstoff und produzieren Kohlenstoffdioxid. Auch durch andere Vorgänge, die in Räumen stattfinden, z. B. das Verbrennen von Kerzen, wird der Sauerstoffgehalt erniedrigt. Je niedriger der Anteil an Sauerstoff in der Raumluft ist, desto weniger Sauerstoff steht den Menschen für ihre Atmung zur Verfügung. Zudem führt der gleichzeitig wachsende Kohlenstoffdioxidanteil zu einer Ermüdung der Menschen. Man spricht folglich von „schlechter Luft“ oder auch von „verbrauchter Luft“, wenn der Sauerstoffanteil in der Atemluft erniedrigt ist (der Sauerstoff ist „verbraucht“) und der Kohlenstoffdioxidanteil erhöht.

A4 Offene Antworten in Form von Schülervorträgen, die u.a. die Zusammensetzung der Atmosphären von Venus mit 96 % Kohlenstoffdioxid, 3 % Stickstoff und < 0,1 % Wasser, von Mars mit 96 % Kohlenstoffdioxid, 3 % Stickstoff, 1,6 % Argon und < 0,1 % Wasser sowie von Saturn mit 96,3 % Wasserstoff, 3,25 % Helium, 0,45 % Methan und 0,03 % Ammoniak beinhalten sollten.

ARBEITSMETHODE: Das Gruppenpuzzle

A AUFGABEN

Schulbuchseite 125

A1 Offene Antworten bzw. Gestaltung von Postern zum Thema „Verwendung von Luftbestandteilen" als Ergebnis der Bearbeitung der Materialien **M1** bis **M3** nach der Arbeitsmethode Gruppenpuzzle. Die Poster sollten zumindest die folgenden wesentlichen Punkte wiedergeben:
Verwendung von Stickstoff: als Schutzgas beim Schweißen; zur Haltbarmachung von Lebensmitteln; zum Aufschäumen von z. B. Sahne und Pudding
Verwendung von Sauerstoff: zur Beatmung in der Medizin
Verwendung von Kohlenstoffdioxid: zur Kühlung in Form von Trockeneis; zur Erzeugung von Nebel

VERSUCHE UND MATERIAL

V AUSWERTUNG

Schulbuchseite 126

V1

V2

a) Offene Antworten, bei denen die individuellen Ergebnisse in einer Tabelle mit vier Spalten mit den Spaltenüberschriften *Ort der Aufstellung – Anzahl der Staubteilchen – Größe der Staubteilchen – Form der Staubteilchen* festgehalten werden.
Die Schülerinnen und Schüler stellen dabei fest, dass die Anzahl, die Größe und auch die Form der Teilchen von Aufstellort zu Aufstellort variieren, z. B. befinden sich mehr und andere Teilchen auf dem Klebestreifen, wenn der Becher neben einer vielbefahrenen Straße stand, als wenn er auf einer Wiese stand.

b) In **V2** werden die Partikel der Rauchsäule, die nach dem Ausblasen der Kerze vom Docht aufsteigt, von der aufgeladenen Oberfläche des Ballons angezogen. Die feinen Ruß- bzw. Rauchpartikel bleiben auf dem Ballon haften. Das Verfahren in **V2** dient der Reinhaltung der Luft, da auf diese Weise Ruß- und Rauchpartikel, die für den Menschen gesundheitsbeeinträchtigend sein können, aus der Luft „geholt“, auf der geladenen Oberfläche gesammelt und dann entsorgt werden können. Allgemein können Maßnahmen zur Luftreinhaltung nach diesem Prinzip arbeiten: Dabei werden aufgeladene Oberflächen in die Abgase von Verbrennung gehalten, sodass feinste Partikel, die z.B. durch eine vorgeschaltete Membran nicht zurückgehalten werden, an der Oberfläche haften bleiben. Dieses Verfahren ist recht aufwendig und die Oberflächen müssen regelmäßig gereinigt werden, damit sie ihre Wirkung behalten.

V AUSWERTUNG

Schulbuchseite 127

V3
LV4
LV5
V6

a) Das Regenwasser, das zu Beginn des Regens gesammelt wurde, färbt blaue Lackmuslösung leicht rot, das Regenwasser, das nach ca. 30 min aufgefangen wurde, färbt Lackmuslösung violett. Auch Leitungswasser verfärbt sich nach Zugabe von Lackmus violett.

b) Die Verfärbungen der Lackmuslösungen in **V1** zeigen, dass Regenwasser zu Beginn eines Regengusses saurer ist als nach einem längeren Regenguss. Dann ist das Regenwasser neutral, was der Vergleich mit Leitungswasser zeigt. Danach lässt sich die Vermutung aufstellen, dass bestimmte Stoffe, die dafür verantwortlich sind, dass (Regen-)Wasser eine saure Reaktion zeigt, am Ende eines Regengusses aus der Luft ausgewaschen sind. Damit ist Regenwasser am Ende eines Regengusses „sauberer".

c) In **V6** wachsen die Kressesamen, die mit „saurem Regen" gegossen wurden, viel langsamer und kümmerlicher. Sie werden auch nur leicht grün. Daraus lässt sich ableiten, dass „saurer Regen" das Pflanzenwachstum im Allgemeinen hemmt, also Pflanzen langsamer und nur kaum bzw. kümmerlich wachsen, die mäßige Grünfärbung deutet auf eine verminderte Fotosynthese hin.

d) Bei der Verbrennung von Schwefel entsteht Schwefeldioxid. Dieses Schwefeldioxid entfärbt Blätter und Blüten (**LV5**). Die saure Lösung, die durch die Reaktion von Schwefeldioxid entsteht, sorgt dafür, dass Pflanzen nur sehr langsam oder gar nicht wachsen. Für die Umwelt bedeutet dies, dass Pflanzen sowohl durch das gasförmige Schwefeldioxid selbst, das bei der Verbrennung von Schwefel entsteht, geschädigt werden, als auch durch die saure Lösung von Schwefeldioxid in (Regen)Wasser in ihrer Entwicklung beeinträchtigt werden.

V AUSWERTUNG

Schulbuchseite 127

V7

a) Zucker ohne Asche lässt sich nur sehr schwer entzünden und brennt nicht von alleine weiter. Gibt man Asche darauf, lässt sich der Zucker deutlich leichter entzünden. Nach dem Entzünden brennt der Zucker auch mit kleiner Flamme alleine weiter.

b) Nach dem Verbrennen des Zuckers ist die Asche noch zu erkennen. Asche macht danach die Reaktion der Verbrennung erst möglich, reagiert aber selbst nicht. Man bezeichnet die Asche daher in diesem Fall auch als Katalysator.

ERARBEITUNG

A AUFGABEN

Schulbuchseite 129

A1 Als Feinstaub bezeichnet man Staubpartikel mit einem Durchmesser kleiner als 10 Mikrometer. Feinstaub kann aus natürlichen oder anthropogenen Quellen stammen.
Natürliche Feinstaubquellen sind z. B. Pflanzen und Pilze, die Feinstaub in Form von Sporen abgeben. Auch ein Teil der Asche, die bei Vulkanausbrüchen in die Luft gelangt, ist Feinstaub.
Ursachen des anthropogenen, des von Menschen produzierten Feinstaubs sind u.a. alle Verbrennungen von organischen Materialien wie z. B. von Kraftstoffen, Kohle, Hausmüll oder Holz. In geschlossenen Räumen sind brennende Zigaretten, Kaminfeuer, aber auch Laserdrucker, Kopierer und einige Haushaltsgeräte als Feinstaubquellen nicht zu unterschätzen.
Feinstaub ist deshalb so gefährlich, weil er eine sehr geringe Partikelgröße aufweist und so fast ungefiltert in die Lunge und die Bronchien gelangen kann. Dort können die Partikel ursächlich für Krankheiten wie Entzündungen bis hin zu Krebs sein.

A2

Luftbestandteil	Eigenschaften	Nachweis
Stickstoff	farbloses, geruchloses Gas, erstickt Flammen	(Glimmspanprobe)
Sauerstoff	farbloses, geruchloses Gas, fördert die Verbrennung	Glimmspanprobe
Kohlenstoffdioxid	farbloses, geruchloses Gas, erstickt Flammen	Kalkwasserprobe
Argon	farbloses, geruchloses Gas, reaktionsträge	–

A3 In dem Diagramm B4 ist eine deutliche Abnahme der Emissionen in Deutschland im Zeitraum zwischen den Jahren 1990 und 2013 zu erkennen. Besonders die Staub- und Schwefeldioxidemissionen haben sich zwischen 1990 und 2000 um fast 80 % verringert. Grund hierfür ist ein verstärkter Einbau von Staubfiltern in der Industrie und im KFZ-Bereich. Auch der Einsatz von Entschwefelungstechnik in Kraftwerken trägt dazu bei. Seit dem Jahr 2009 bleibt die Emission von Luftschadstoffen relativ konstant, dies könnte ein Anzeichen dafür sein, dass der Einsatz von Filtertechnik inzwischen Standard ist, eine weitere Verbesserung der Filter aber technisch schwierig ist.

ERARBEITUNG

A AUFGABEN

Schulbuchseite 131

A1

a) Der rote Kurvenverlauf bildet den Energieverlauf der Reaktion ab, wenn sie ohne Katalysator abläuft. In diesem Fall ist der Energiebetrag, der aufgewendet werden muss, um die Reaktion zu starten, relativ groß: Die Aktivierungsenergie ist hoch.
Der blaue Kurvenverlauf gibt den Energieverlauf derselben Reaktion wieder, wenn diese unter Verwendung eines Katalysators stattfindet. Bei dieser katalysierten Reaktion ist der Betrag der Energie, die aufgewendet werden muss, um die Reaktion in Gang zu setzen, geringer als bei der nicht katalysierten Reaktion. Die Aktivierungsenergie ist geringer.

b) Der Energiegehalt der Produkte ist für beide Reaktionsverläufe gleich und niedriger als der der Edukte: Danach wird bei beiden Reaktionsverläufen der gleiche Betrag an Reaktionsenergie freigesetzt, beide Reaktionsverläufe sind exotherm.

Beide Aspekte a) und b) zeigen, dass die Verwendung eines Katalysators keinen Einfluss auf die Art der Produkte und den Betrag der Reaktionsenergie einer Reaktion hat und damit auch nicht darauf, ob die Reaktion exo- oder endotherm verläuft. Der Einsatz eines Katalysators bewirkt aber, dass eine Reaktion einen anderen Verlauf nimmt, bei dem die Aktivierungsenergie geringer ist.

A2

Der Autokatalysator besteht aus einem Edelstahlgehäuse mit einem röhrenförmigen Einlass für die heißen Abgase, die bei der Verbrennung im Motor entstehen, sowie einem Ausgangsrohr für die gereinigten Abgase. Im Edelstahlgehäuse befindet sich ein wabenförmiges Keramikgitter, dessen Oberfläche mit dem eigentlichen Katalysatormaterial, fein verteiltes Platin, Palladium oder Rhodium überzogen ist.
Aufgrund des wabenförmigen Aufbaus des Trägermaterials ist das eigentliche Katalysatormaterial auf einer großen Oberfläche verteilt, wodurch die Kontaktfläche zwischen Katalysator und Abgas besonders groß ist. An dieser großen Katalysatoroberfläche können nun Reaktionen ablaufen, bei denen giftige Verbrennungsprodukte und unverbranntes Benzin in ungiftige Stoffe umgewandelt werden. Das Abgas wird so von gefährlichen Stoffen gereinigt und kann als „gereinigtes Abgas“ aus dem Katalysator austreten.

A3

Offene Antworten, je nach Schülerrecherche.
Die Schülerinnen und Schüler können sich auf B4, Seite 129 im Schulbuch, beziehen.
Danach hat sich seit Einführung des Katalysators der Ausstoß von Stickstoffoxiden um ca. 60 %, der von Schwefeldioxid um ca. 90 % und der von Kohlenmonooxid um ca. 75 % verringert. Die Daten in B4 beziehen sich allerdings nicht nur auf Emissionen aus dem KFZ-Sektor, sondern auch auf die Emissionen der Industrie.
Weitere Daten können z.B. über das Umweltbundesamt unter:
http://www.umweltbundesamt.de/daten/luftbelastung/luftschadstoff-emissionen-in-deutschland, 02.10.2016
erhalten werden.

A4

Zucker + Hefe ⟶ Wasser + Kohlenstoffdioxid + Hefe

VERSUCHE UND MATERIAL

V AUSWERTUNG

Schulbuchseite 132

V1

LV2

a)

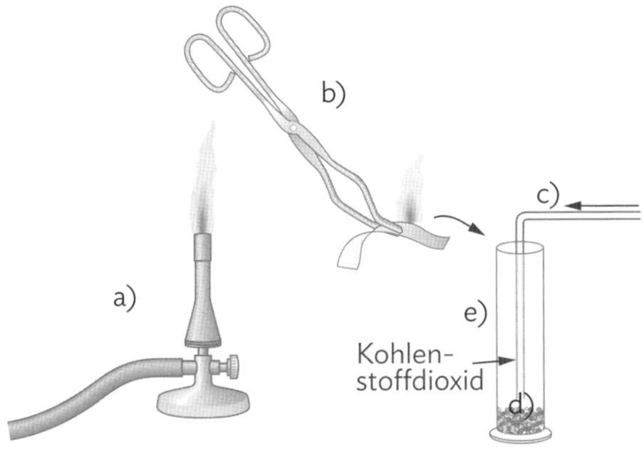

a) Brenner
b) Tiegelzange mit brennendem Magnesiumband
c) Gaseinleitungsrohr
d) Sand
e) Standzylinder mit Kohlenstoffdioxid

b) *Beobachtungen bei* **V1**:
Das Magnesium brennt nach kurzer Zeit mit einer hellen, weißen Flamme. Nach dem Verbrennen bleibt ein weißes Pulver in der Porzellanschale zurück.
Beobachtungen bei **LV2**: Der brennende Holzspan erlischt in dem mit Kohlenstoffdioxid befüllten Standzylinder. Das entzündete Magnesiumband brennt in dem mit Kohlenstoffdioxid gefüllten stärker und es knistert. An der Standzylinderinnenwand werden schwarze und weiße Feststoffbeläge sichtbar, auch Rauch ist zu erkennen. Nach der Reaktion befindet sich auf dem Boden des Standzylinders ein schwarzer Feststoff.

c) Jede Verbrennung ist eine Reaktion eines Stoffes mit Sauerstoff. Daher sollte das Reaktionsprodukt eine Verbindung aus Magnesium und Sauerstoff sein, also Magnesiumoxid.

d) Luft enthält Sauerstoff. Der Holzspan (Brennstoff) reagiert mit dem Luftsauerstoff. Die Reaktion mit Sauerstoff ist eine Verbrennung, weshalb der Holzspan brennt. Kohlenstoffdioxid unterhält eine Verbrennung nicht. Hält man den brennenden Holzspan in den mit Kohlenstoffdioxid gefüllten Standzylinder, wird die Flamme am Holzspan durch das Kohlenstoffdioxid erstickt.

e) Bei der Reaktion hat sich aus Magnesium, das nach der Reaktion nicht mehr vorhanden ist, ein weißer Stoff gebildet, bei dem es sich um Magnesiumoxid handeln muss. Der Sauerstoff für das Magnesiumoxid muss dabei aus dem Kohlenstoffdioxid stammen, somit muss Sauerstoff ein Bestandteil von Kohlenstoffdioxid sein. Bei der schwarzen Ablagerung, die an der Standzylinderinnenwand zurückbleibt, sollte es sich um Kohlenstoff handeln, der ebenfalls Bestandteil des Kohlenstoffdioxids sein muss. Kohlenstoffdioxid sollte sich daher aus den Bestandteilen Sauerstoff und Kohlenstoff zusammensetzen.

V

AUSWERTUNG

Schulbuchseite 133

LV3

V4

a) *Beobachtungen bei* **LV3**:
Vor der Reaktion befinden sich im großen Reagenzglas Salzsäure und Eisen. Die Salzsäure ist flüssig und farblos, Eisen ist fest, pulverförmig und schwarz. Während des Experiments beobachtete man die Entwicklung eines Gases (aufsteigende Bläschen). Nach dem Experiment ist das Reagenzglas über dem Ableitungsrohr mit Gas gefüllt. Bei der Knallgasprobe mit diesem Gas hört man ein dumpfes bzw. pfeifendes Geräusch. Leitet man das Gas in blaue Methylenblaulösung ein, sind keine Veränderungen zu erkennen.
Beobachtungen bei **V4**:
Vor dem Experiment liegt flüssige, farblose Salzsäure und festes, pulverförmiges, schwarzes Eisen im Reagenzglas vor und die zuzusetzende Methylenblaulösung ist blau. Während des Experiments wird die Methylenblaulösung immer heller. Nach dem Experiment ist die Lösung im Reagenzglas nahezu farblos.

b) In beiden Versuchen (**LV3** und **V4**) werden als Ausgangsstoffe Salzsäure und Eisenpulver verwendet. Es findet also in beiden Versuchen die Reaktion von Eisen mit Salzsäure statt. Da Eisen ein unedles Metall ist, reagiert es mit Salzsäure unter Bildung von Wasserstoff. Dieser wird bei **LV3** mit der Knallgasprobe nachgewiesen.

c) In **LV3** wie auch in **V4** entsteht bei der Reaktion Wasserstoff. Bei **LV3** wird der Wasserstoff, der entstanden ist, in die Methylenblaulösung eingeleitet und diese entfärbt sich nicht, Wasserstoff reagiert also nicht mit der Methylenblaulösung. Bei **V4** wird Methylenblaulösung direkt in das Reaktionsgemisch gegeben, sodass sie bereits während der Bildung von Wasserstoff gegenwärtig ist. Da sich die Methylenblaulösung in diesem Fall entfärbt, muss sie mit einem Reaktionspartner reagieren, der im Verlauf der Bildung von Wasserstoff aus Eisen und Salzsäure auftritt.

d) Maria hat recht, allerdings sollte sie nicht von „fertigem Wasserstoff“, sondern von Wasserstoff-Molekülen, und nicht von „Wasserstoff auf dem Weg zu Fertigwerden“, sondern von Wasserstoff-Atomen sprechen. Fachlich korrekt sollte Marias Aussage lauten: „Wasserstoff-Moleküle reagieren nicht mit Methylenblaulösung und entfärben diese somit auch nicht. Wasserstoff-Atome reagieren dagegen mit Methylenblaulösung und entfärben diese.

e) Experiment 1 zum Ausschließen, dass Eisenpulver die Methylenblaulösung entfärbt: In einem Reagenzglas wird Methylenblaulösung mit Eisenpulver versetzt.
Experiment 2 zum Ausschließen, dass Salzsäure die Methylenblaulösung entfärbt: In einem Reagenzglas wird Methylenblaulösung mit Salzsäure versetzt.

ERARBEITUNG

A AUFGABEN Schulbuchseite 135

A1 Die Edelgase stehen in der Hauptgruppe VIII des PSE, ihre Atome haben somit eine vollbesetzte Außenschale. Damit ist die Oktettregel bei jedem Edelgas-Atom erfüllt. Edelgas-Atome benötigen also keine weiteren Elektronen durch Eingehen einer Elektronenpaarbindung mit anderen Atomen, sie bilden keine Elektronenpaarbindungen und folglich keine Moleküle.

A2 Atome von Nichtmetallen haben keine mit Elektronen voll besetzte Außenschale, also keine Edelgaskonfiguration. Je nach Hauptgruppe haben Nichtmetallatome zwischen vier (Hauptgruppe IV) und sieben Valenzelektronen (Hauptgruppe VII). Durch die Bildung von Elektronenpaarbindungen mit anderen Nichtmetallatomen können sie eine voll besetzte Valenzelektronenschale, also die stabile Elektronenverteilung von acht Valenzelektronen (Edelgaskonfiguration) erreichen. Durch die Ausbildung von Elektronenpaarbindungen werden Moleküle gebildet.

A3 Die Oktettregel besagt, dass alle Atome einen stabilen Zustand anstreben, in dem die Außenschale mit Elektronen voll besetzt ist und sie die Edelgaskonfiguration einnehmen. Durch die Bildung von Molekülen erreichen in der Regel alle beteiligten Atome diesen stabilen Zustand.

3.3 Die Elektronenpaarbindung

ERARBEITUNG

A AUFGABEN

Schulbuchseite 137

A1 Elektronenschreibweise für die Atome der Elemente der 3. Periode Natrium Na, Magnesium Mg, Aluminium Al, Silicium Si, Phosphor P, Schwefel S, Chlor Cl und Argon Ar:

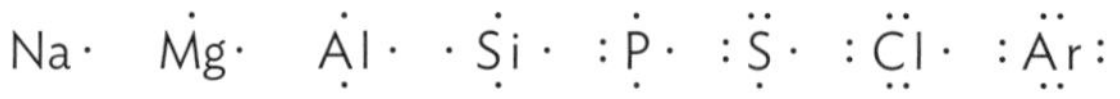

Danach können die Atome der Nichtmetalle dieser Periode folgende Elektronenpaarbindungen eingehen:
Ein Phosphor-Atom hat drei ungepaarte Elektronen und geht somit drei Elektronenpaarbindungen ein.
Ein Schwefel-Atom hat zwei ungepaarte Elektronen und geht somit zwei Elektronenpaarbindungen ein.
Ein Chlor-Atom hat ein ungepaartes Elektron und geht somit eine Elektronenpaarbindung ein.

A2 Ein Propan-Molekül besteht aus drei Kohlenstoff-Atomen und acht Wasserstoff-Atomen. Die Kohlenstoff-Atome sind jeweils durch eine Elektronenpaarbindung miteinander verbunden. Die beiden endständigen Kohlenstoff-Atome sind jeweils mit drei und das mittlere Kohlenstoff-Atom ist mit zwei Wasserstoff-Atomen durch je eine Elektronenpaarbindung verbunden.
Die Molekülformel für Propan ist C_3H_8.

A3

a) Aufschreiben der Elementsymbole der beteiligten Atome von Schwefel und von Sauerstoff.

S O

O

b) Darstellen der Valenzelektronen eines Atoms als Punkte um das Elementsymbol herum, wobei gepaarte Punkte ein nichtbindendes Elektronenpaar darstellen.

c) Einzeichnen der nichtbindenden Elektronenpaare als Striche (in Blau) und der bindenden Elektronenpaare als Striche (in Rot) so zwischen die Atome, dass für alle Atome die Oktettregel erfüllt ist. Da sowohl Schwefel- als auch Sauerstoff-Atome sechs Valenzelektronen haben, sind die Atome jeweils von sechs Punkten umgeben, was zunächst für jedes Atom zwei nichtbindende Elektronenpaare und zwei ungepaarte Elektronen bedeutet. Da aber die Oktettregel für alle drei Atome erfüllt sein muss, müssen die beiden Elektronen eines Elektronenpaares (des Schwefel-Atoms) für die Bindungen zu den anderen Atomen herangezogen werden. So ergibt sich für ein Molekül aus einem Schwefel-Atom und zwei Sauerstoff-Atomen die folgende LEWIS-Strukturformel:

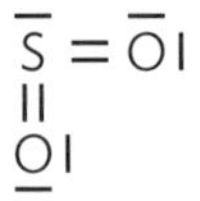

FACHMETHODE: LEWIS-Strukturformeln aufstellen

A AUFGABEN Schulbuchseite 138

A1 a) und b): LEWIS-Strukturformeln der Moleküle HCl, H_2O, PH_3, C_2H_6, CS_2, wobei die bindenden Elektronenpaare in Rot (hier in Dunkelgrau) und die nichtbindenden Elektronenpaare in Blau (hier in Hellgrau) gekennzeichnet sein sollen.

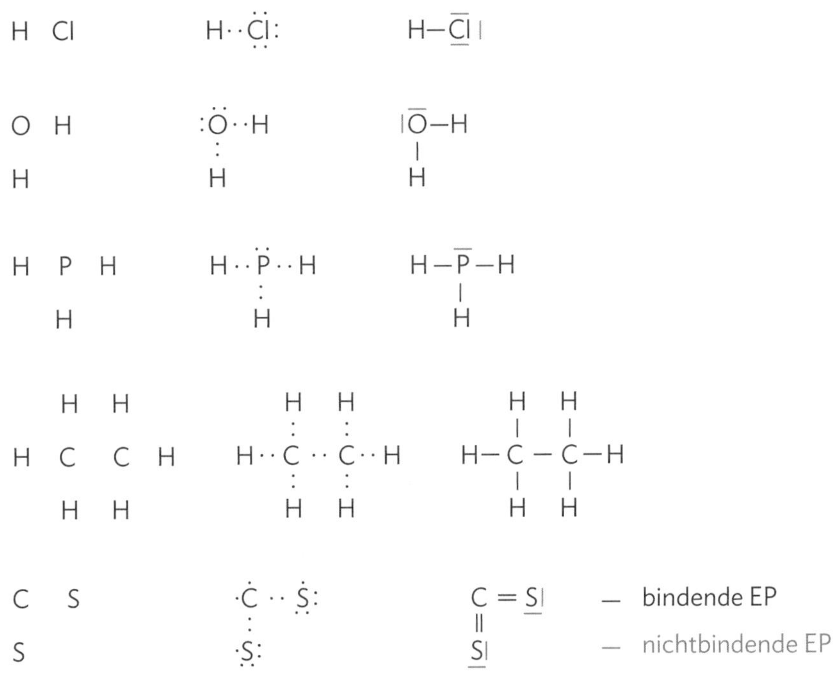

c) Folgende Verbindungen entsprechen den genannten Molekülen:
HCl: Chlorwasserstoff
H_2O: Diwasserstoffmonooxid, Wasser
PH_3: Monophosphan
C_2H_6: Ethan
CS_2: Kohlenstoffdisulfid

ARBEITSMETHODE: Richtig-Falsch-Aufgaben lösen

A AUFGABEN

Schulbuchseite 139

Lösung zu So geht`s

	Aussage	richtig	falsch	Korrektur
1	Moleküle sind Atomverbände.	x		
2	Edelgase sind sehr reaktionsfreudig.		x	Edelgase sind reaktionsträge.
3	Wenn die Oktettregel erfüllt ist, ist die Edelgaskonfiguration erreicht.	x		
4	Zwei Wasserstoff-Atome verbinden sich unter Ausbildung zweier bindender Elektronenpaare.		x	Zwei Wasserstoff-Atome verbinden sich unter Ausbildung einer Elektronenpaarbindung.
5	Die Elektronenpaarbindung beruht auf der Anziehung zwischen einem negativ geladenen, bindenden Elektronenpaar und den positiv geladenen Atomkernen.	x		
6	Bei der Bildung einer chemischen Bindung wird Bindungsenergie benötigt.		x	Bei der Bildung einer chemischen Bindung wird Bindungsenergie frei.
7	Die Verbindung zweier Wasserstoff-Atome zu einem Wasserstoff-Molekül ist ein exothermer Vorgang.	x		
8	Im Stickstoff-Molekül gibt es drei nichtbindende und zwei bindende Elektronenpaare		x	Im Stickstoff-Molekül gibt es zwei nichtbindende und drei bindende Elektronenpaare.

A1 Offene Antworten; *Beispiellösung:*

	Aussage	richtig	falsch	Korrektur
1	Luft besteht aus mehreren Stoffen und ist ein heterogenes Stoffgemisch.		x	Luft besteht aus mehreren Stoffen und ist ein homogenes Stoffgemisch.
2	Sauerstoff ist der Hauptbestandteil der Luft.		x	Stickstoff ist der Hauptbestandteil der Luft.
3	Alle Schadstoffe, die in die Luft abgegeben werden, bezeichnet man als Emissionen.	x		
4	Ein Katalysator beschleunigt eine chemische Reaktion. Dabei verbraucht er sich.		x	Ein Katalysator beschleunigt eine chemische Reaktion. Er liegt nach der Reaktion unverändert wieder vor.
5	Moleküle sind Verbände aus zwei oder mehr fest miteinander verbundenen Atomen.	x		
6	Das Ausatemgas Kohlenstoffdioxid lässt sich mit der Kalkwasserprobe nachweisen. Dabei entsteht ein weißer Niederschlag.	x		
7	Die Dichte von Sauerstoff ist geringer als die Dichte des Stoffgemisches Luft.		x	Die Dichte von Sauerstoff ist größer als die Dichte des Stoffgemisches Luft.
8	Stickstoff fördert die Verbrennung nicht.	x		

VERSUCHE UND MATERIAL

V AUSWERTUNG

Schulbuchseite 140

V1

V2

a) Wasserstoff ist farblos und bei Raumtemperatur gasförmig.

b) „Je leiser das Geräusch, desto höher ist der Wasserstoffgehalt im Reagenzglas." Oder: „Je leiser das Geräusch, desto geringer ist der Sauerstoffgehalt im Reagenzglas".

c) In der Apparatur (Reaktionsgefäß, Ableitungsrohr) befindet sich am Anfang nur Luft. Diese Luft muss durch den bei der Reaktion von Zink und Salzsäure entstehenden Wasserstoff aus der Apparatur verdrängt werden. Daher ist im ersten Reagenzglas überwiegend Luft und kaum Wasserstoff enthalten. Mit zunehmender Reaktionsdauer entsteht immer mehr Wasserstoff, der das Volumen der Apparatur einnimmt. Die Apparatur enthält also immer mehr Wasserstoff und weniger Luft, sodass sich im zweiten Reagenzglas ein Gemisch aus Wasserstoff und Luft (Knallgas) befinden kann. Beim dritten Reagenzglas schließlich ist die Luft vollständig verdrängt und es enthält reinen Wasserstoff.

V AUSWERTUNG

Schulbuchseite 140

LV3

LV4

a) Da Wasserstoff eine deutlich geringere Dichte als Luft hat, steigt der Ballon auf. Beim Kontakt mit der brennenden Kerze wird der Ballon an der Kontaktstelle verbrannt, ein Loch entsteht, aus dem Wasserstoff in die Umgebung entweichen und sich mit der Luft mischen kann. Es entsteht ein Luft(Sauerstoff)-Wasserstoff-Gemisch, ein Knallgas, das explosionsartig verbrennt.

b) Beim Einführen der brennenden Kerze in den mit Wasserstoff gefüllten Standzylinder entzündet sich der Wasserstoff an der Öffnung des Zylinders. Die Kerzenflamme erlischt, wenn man sie weiter in den Wasserstoff einführt. Beim Herausziehen entzündet sich die Kerze wieder an dem brennenden Wasserstoff an der Öffnung des Standzylinders.

c) Die Öffnung des Standzylinders erwärmt sich zum einen durch die Kerzenflamme und zum anderen durch den Wasserstoff, der sich entzündet.

d) *Hinweis*: In der Aufgabenstellung auf der Schulbuchseite 141 muss es richtig **LV4** statt **LV3** heißen. In **LV4** entzündet die Kerzenflamme den Wasserstoff. Die Flamme brennt aber im reinen Wasserstoff nicht weiter. Wasserstoff brennt also selbst, unterhält aber nicht die Verbrennung.

ERARBEITUNG

A AUFGABEN

Schulbuchseite 143

A1 Ausschnitt aus einer Stoffportion Wasserstoff als Molekülmodell:

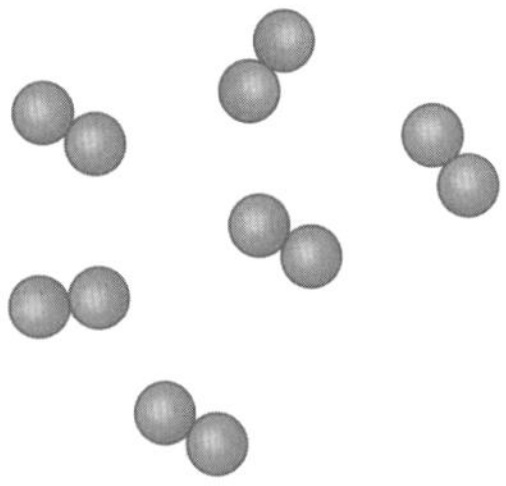

A2 Wasserstoff (g) + Sauerstoff (g) ⟶ Wasser (l) | exotherm
Durch die Entzündung des Ballons mit der Fackel wird der Ballon zerstört und Wasserstoff wird frei. Der Wasserstoff reagiert nach der Entzündung mit dem Sauerstoff der Luft unter Wärmeabgabe explosionsartig zu Wasser.

A3 Bei der Verbrennung von Wasserstoff wird sehr viel Energie frei. Diese kann zum Antrieb des Space-Shuttles genutzt werden. Wasserstoff kann mit Sauerstoff allerdings auch explosionsartig verbrennen, was zur Zerstörung des Raumschiffs führen würde.

A4

Name	Molekülformel	LEWIS-Strukturformel
Methan	CH_4	H | H– C – H | H
Salzsäure	HCl	H–$\overline{\underline{Cl}}$|
Wasser	H_2O	|$\overline{O}$–H | H

A5 Offene Antworten. Folgende Punkte könnten genannt werden:

Pro:
- Wasserdampf als Produkt ist umweltfreundlich.
- Beim Tanken entfällt die Geruchsbelästigung.

Contra:
- Der Strom zur Erzeugung von Wasserstoff wird nicht immer umweltfreundlich produziert.
- Wasserstoff wird aus Erdöl gewonnen.
- Luft-Wasserstoff-Gemische sind explosiv und können somit gefährlich sein.

Fazit: Wasserstoffautos sind derzeit keine umweltfreundliche Alternative zu Autos mit konventionellem Antrieb.

EXKURS > Zeppelingase

A AUFGABEN Schulbuchseite 144

A1 Grundvoraussetzung für die Eignung eines Gases als Trägergas für Zeppeline ist, dass seine Dichte geringer als die Dichte von Luft ist. Aus verschiedenen Gründen (u. a. Giftigkeit, Explosivität) sind viele Gase nicht als Trägergase einsetzbar, auch wenn sie eine geringere Dichte als Luft haben.
Prinzipiell sind Wasserstoff, Helium und Heißluft als Trägergase geeignet und wurden eingesetzt. All drei Trägergase haben allerdings sowohl Vor- als auch Nachteile:
Wasserstoff besitzt zwar eine 14-mal geringere Dichte als Luft, reagiert aber mit Sauerstoff explosionsartig. Helium ist dagegen reaktionsträge und nicht brennbar, dafür aber deutlich teurer. Heißluft ist eine mögliche Alternative, jedoch muss ausreichend Brennstoff zum Erhitzen der Luft mitgeführt werden.

A2 Da das Knallgas nach oben hin abbrennt, sind die Menschen in der Passagiergondel relativ sicher und erleiden wahrscheinlich keine Verbrennungen. Natürlich stürzen sie in die Tiefe, sodass Verletzungen und Todesfälle in Abhängigkeit von der Flughöhe und dem Untergrund gegeben sind. Die Explosionsgefahr ist in der modernen Luftfahrt deutlich geringer, wenn es aber zu Explosionen von Flugzeugen in großer Höhe kommt, ist der Schaden wesentlich größer. Da der Passagierraum in direkter Nähe zum Kerosionstank ist, ist die Verbrennungsgefahr für die Menschen deutlich höher und außerdem ist die Überlebensrate für einen Absturz aus 10 km Höhe gleich null.

EXKURS > Tausche CO_2 gegen O_2 – Gasaustausch im Körper

A AUFGABEN Schulbuchseite 145

A1 Ein Weg eines Sauerstoff-Atoms aus einem Sauerstoff-Molekül durch den menschlichen Körper könnte wie folgt aussehen:
Ein Sauerstoff-Atom bildet gemeinsam mit einem weiteren Sauerstoff-Atom ein Sauerstoff-Molekül, das sich zunächst in der Luft befindet, die eingeatmet wird. In der Lunge wird das Sauerstoff-Molekül über die Lungenbläschen ins Blut aufgenommen, wo es zu den Zellen transportiert wird. Das Sauerstoff-Molekül bindet an ein Hämoglobin-Molekül, das sich in einem roten Blutkörperchen befindet. Ein Hämoglobin-Molekül kann noch drei weitere Sauerstoff-Moleküle aufnehmen.
In den Zellen reagieren Sauerstoff-Moleküle. Die darin gebundenen Sauerstoff-Atome bilden gemeinsam mit Kohlenstoff-Atomen Kohlenstoffdioxid-Moleküle. Diese diffundieren in das Blut, werden über die Lungenbläschen in die Ausatemluft abgegeben und verlassen den menschlichen Körper.
Ein alternativer Weg könnte ohne Reaktion des Sauerstoffs zu Kohlenstoffdioxid verlaufen, da ein Teil des eingeatmeten Sauerstoffs wieder ausgeatmet wird.

A2 Die Oberfläche aller Lungenbläschen beträgt 84 m^2: 0,07 m^2 x 1200 = 84 m^2. Diese immense Oberflächenvergrößerung bewirkt, dass ein sehr effektiver Gasaustausch über die Oberfläche der Lungenbläschen erfolgen kann.

ZUM ÜBEN UND WEITERDENKEN

A AUFGABEN

Schulbuchseite 146, 147

A1 Die beiden Hauptbestandteile der Luft sind Stickstoff und Sauerstoff. Zunächst würde Stickstoff verdampfen, da die Siedetemperatur von Stickstoff mit – 196 °C unter der von Sauerstoff mit – 183 °C liegt.

A2 Im Gasraum über dem Wasser befindet sich Luft. Der Phosphor reagiert nach Zündung mit dem Sauerstoff und bildet weißes, festes Phosphorpentoxid, das sich unter Bildung von Phosphorsäure im Wasser löst. Die Reaktion ist exotherm. Da Sauerstoff aus dem Gasraum verbraucht wird, entsteht ein Unterdruck in der Gasglocke und der Wasserpegel in der Glocke steigt an. Das Restgas in der Gasglocke besteht im Wesentlichen aus Stickstoff, der den brennenden Holzspan zum Erlöschen bringt.

A3 Beschreibung der Glimmspanprobe: Um zu testen, ob es sich bei einem Gas um Sauerstoff handelt, verwendet man die Glimmspanprobe. Man füllt das Gas in ein Gefäß, nimmt einen Holzspan, entzündet ihn und pustet ihn wieder aus, sodass der Holzspan glimmt. Den glimmenden Holzspan hält man in das Gas. Ist Sauerstoff vorhanden, flammt der Holzspan wieder auf, die Glimmspanprobe verläuft positiv.

A4 Sauerstoff und Stickstoff sind farblose Gase mit relativ dicht beieinander liegenden Siedetemperaturen (Stickstoff: – 196 °C, Sauerstoff: – 183 °C). Beide zählen zu den Hauptbestandteilen der Luft, wobei Stickstoff mit 78% einen weitaus größeren Anteil als Sauerstoff mit 21% hat.
Das wichtigste Merkmal zur Unterscheidung der Gase ist die unterschiedliche Fähigkeit, an Verbrennungen teilzunehmen. Während Sauerstoff ein unverzichtbarer Reaktionspartner bei Verbrennungen ist, kann man Feuer mit Stickstoff löschen, da es die Verbrennung nicht unterhält.

A5 Auch in Regionen mit geringem Verkehrsaufkommen sind erhöhte Werte für Luftschadstoffe möglich, da Schadstoffe durch die Dynamik der Luftmassen nicht lokal begrenzt über dem Ort ihrer Emission verbleiben, sondern global verteilt werden.

A6 Grundsätzlich unterscheidet man zwischen zwei Arten von Feinstaub: Feinstaub natürlichen und anthropogenen Ursprungs. Die Verursacher von natürlichem Feinstaub sind z. B. Pflanzen, Bakterien und Vulkane. Die Verursacher von anthropogenem Feinstaub sind Menschen bzw. von ihnen benutzte Autos, Drucker, entzündete Feuer, Zigaretten, Kerzen, etc.
Die Maßnahme, dass Autofahrer in Zeiten von Feinstaubalarm den öffentlichen Nahverkehr nutzen sollen, ist sinnvoll, da so die Zahl der Feinstaub produzierenden Fahrzeuge reduziert wird.

A7 Ein Experiment, mit dem das Entstehen von saurem Regen simuliert und ein Zusammenhang zwischen saurem Regen und dessen Auswirkung auf Pflanzen gezeigt werden kann, ist die Verbrennung von Schwefel in einem ca. 1 cm hoch mit Wasser gefüllten Erlenmeyerkolben.
Das entstehende Schwefeldioxid löst sich nach der Verbrennung beim Schütteln des Kolbens im Wasser und bildet schweflige Säure. Nimmt man zwei Töpfe Kresse und gießt einen mit der erhaltenen sauren Lösung und den zweiten Topf Kresse zum Vergleich mit der gleichen Menge Leitungswasser, so kann man nach wenigen Tagen erkennen, dass die saure Lösung die Kresse sichtbar schädigt.

A8 Im Kohlenstoffdioxid-Molekül erreichen die Atome durch gemeinsame, bindende Elektronenpaare zwischen den Atomkernen die Edelgaskonfiguration.
Im Kohlenstoffdioxid-Molekül sind zwei Sauerstoff-Atome (Hauptgruppe VI) durch je eine Doppelbindung mit dem Kohlenstoff-Atom verbunden. Zwischen einem Sauerstoff-Atom und dem Kohlenstoff-Atom liegen also zwei gemeinsame bindende Elektronenpaare. Gemeinsam mit den beiden nichtbindenden Elektronenpaaren des Sauerstoff-Atoms, kann man jedem Sauerstoff-Atom somit formal acht Elektronen zuweisen. Im Kohlenstoffdioxid-Molekül teilt sich ein Kohlenstoff-Atom mit je zwei Sauerstoff-Atomen jeweils zwei gemeinsame bindende Elektronenpaare und kommt damit formal ebenfalls zu einem Elektronenoktett (zwei mal vier Elektronen aus den beiden Doppelbindungen).

A9 Yussufs Äußerung ist richtig. Magnesium ist in der Lage, dem Kohlenstoffdioxid den gebundenen Sauerstoff zu entreißen. Es bilden sich das graue Magnesiumoxid und Kohlenstoff, der als schwarze Feststoff-Sprenkel an der Wand des Standzylinders erkennbar ist. Rikes Äußerung enthält eine typische Fehlvorstellung, die darauf beruht, dass farblose Gase fälschlich als „Nichts" wahrgenommen werden. Tatsächlich findet bei der Reaktion eine Umorganisation von in den Kohlenstoffdioxid-Molekülen gebundenen Kohlenstoff-Atomen statt, die sich zum elementaren Kohlenstoff, einem Feststoff, zusammengruppieren.

A10 *Verbände aus zwei oder mehr fest miteinander verbundenen Atomen nennt man <u>Moleküle</u>.*
In Molekülen werden die <u>Atome</u> durch die <u>Elektronenpaarbindung</u> zusammengehalten. Diese Bindung beruht auf der <u>Anziehung</u> zwischen dem negativ geladenen gemeinsamen <u>Elektronenpaar</u> und den positiv geladenen Atomkernen.

A11

Name	Formel	Art der und Anzahl der Atome in den Molekülen dieser Verbindungen
Stickstoffmonooxid	NO	ein Stickstoff-Atom, ein Sauerstoff-Atom
Wasserstoffperoxid	H_2O_2	zwei Wasserstoff-Atome, zwei Sauerstoff-Atome
Schwefelsäure	H_2SO_4	zwei Wasserstoff-Atome, ein Schwefel-Atom, vier Sauerstoff-Atome
Traubenzucker	$C_6H_{12}O_6$	sechs Kohlenstoff-Atome, zwölf Wasserstoff-Atome, sechs Sauerstoff-Atome

A12

Stoff	Elektronenschreibweise	LEWIS-Strukturformel
Ammoniack NH_3	H ·· N̈ ·· H : H	H – N̄ – H | H
Chlorwasserstoff HCl	H ·· C̤̈l:	H–C̲̅l|
Iod I_2	:Ï: :Ï:	|I̲̅–I̲̅|
Kohlenstoffdioxid CO_2	Ö :: C :: Ö	⟨O=C=O⟩

ZUM ÜBEN UND WEITERDENKEN

A AUFGABEN

Schulbuchseite 147

A13

Es gibt drei mögliche LEWIS-Strukturformeln von Verbindungen mit zwei Kohlenstoff-Atomen und unterschiedlich vielen Wasserstoff-Atomen.

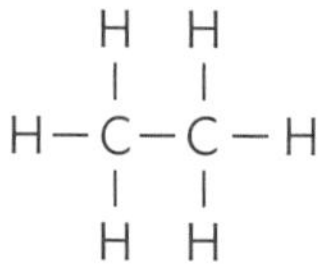

Ethan

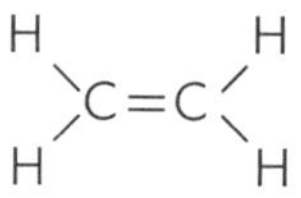

Ethen

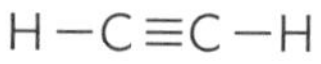

Ethin

A14

Es sind je ein Wasserstoff-, ein Chlor-, ein Sauerstoff- und ein Stickstoff-Molekül in der Elektronenschreibweise, mit der LEWIS-Strukturformel und mit der Molekülformel dargestellt.
Die Elektronenschreibweise hat den Vorteil, dass erkennbar ist, wie viele Elektronen jeweils ein bindendes bzw. ein nichtbindendes Elektronenpaar ausbilden. Es lässt sich jeweils das Elektronenoktett (Ausnahme: Wasserstoff mit Elektronendublett) gut nachvollziehen. Nachteilig ist, dass die Vielzahl an Punkten unübersichtlich wirken kann. Klarer sind die LEWIS-Strukturformeln. Hier sind die Bindungsverhältnisse (d.h. Einfach-, Doppel- oder Dreifachbindungen) innerhalb eines Moleküls gut ersichtlich. Die Molekülformeln haben gegenüber den beiden bisher genannten Schreibweisen den Vorteil, dass sie sehr schnell geschrieben werden können. Jedoch werden die Bindungsverhältnisse nicht deutlich und man erkennt an ihnen nicht, welche Atome mit welchen Bindungspartnern verknüpft sind.

A15

In der abgebildeten Versuchsapparatur wird ein Wasserstrahl aus dem gewinkelten Glasrohr herausgedrückt, weil der Wasserstoff die Luft im Becherglas verdrängt und durch den porösen Tonzylinder diffundiert. Die Ursache liegt darin, dass die Wasserstoff-Teilchen eine sehr geringe Masse haben. Daraus ergibt sich die sehr geringe Dichte von Wasserstoff. Wasserstoff steigt im Becherglas zunächst nach oben. Im Gegensatz zu den anderen Teilchen der Luft ist die Größe der Wasserstoff-Teilchen so gering, dass die Wasserstoff-Teilchen durch die Poren des Tonzylinders hindurch gelangen können. Im Tonzylinder entsteht ein Überdruck. Wegen des nachströmenden Wasserstoff-Stroms wird der Überdruck dadurch ausgeglichen, dass die zuvor im Zylinder befindliche Luft und einströmender Wasserstoff Wasser aus dem Erlenmeyerkolben verdrängen, das dann den beobachtbaren Wasserstrahl bildet.

A16

Auf der Erde kommt elementarer Wasserstoff nicht natürlich vor. Der Grund dafür ist die geringe Dichte von Wasserstoff. Entstehender Wasserstoff würde sofort in die Luft aufsteigen und in die Atmosphäre entweichen. Im Universum bestehen die Gasplaneten zu großen Teilen aus Wasserstoff.
Der in unserer Sonne enthaltene Wasserstoff macht den größten Teil der gesamten Masse unseres Sonnensystems aus.

M1 Trockeneis – gefrorenes Kohlenstoffdioxid

Schulbuchseite 148

A1 Offene Antworten. *Beispielantwort*: Ein Wiesbadener Gastronom wird tot in seinem Auto aufgefunden. Man geht davon aus, dass er durch Kohlenstoffdioxid, das aus Trockeneis ausströmte ums Leben kam.

A2 Der Gastronom hatte Trockeneis, also gefrorenes Kohlenstoffdioxid, in seinem Auto geladen. Trockeneis wird u.a. zum Kühlen, in diesem Fall zur Haltbarmachung von Lebensmitteln, verwendet. Das Trockeneis muss sich während der Fahrt erwärmt haben, sodass seine Siedetemperatur überschritten wurde und gasförmiges Kohlenstoffdioxid ausgeströmt ist. Da Kohlenstoffdioxid nicht die Atmung unterhält, ist der Gastronom zunächst müde geworden und dann erstickt.

A3

1. Gefrorenes Kohlenstoffdioxid hat eine Temperatur von – 78 °C. Direkte Berührung führt zu Erfrierungen, da das körpereigene Wasser bereits bei 0 °C gefriert. Um sich vor diesen Kaltverbrennungen zu schützen, ist eine Isolation durch Handschuhe notwendig.
2. Trockeneis darf nur im Laderaum eines LKWs transportiert werden, damit es nicht zu einer Anreicherung von Kohlenstoffdioxid (bei Erwärmung des Trockeneises) in der Fahrerkabine kommt (Gefahr durch Ersticken).
3. Die Gefahr einer Anreicherung von Kohlenstoffdioxid ist auch in geschlossen Räumen gegeben. Beim Betreten eines ungelüfteten Lagerraums besteht die Gefahr, ohnmächtig zu werden oder zu ersticken.
4. Geschlossene Behälter können explodieren, da der Gasdruck durch Sublimieren des Kohlenstoffdioxids in Folge von Erwärmung in einem geschlossen Behälter steigt.

A4 Kohlenstoffdioxid sublimiert bei – 78 °C. Über der Oberfläche eines Trockeneisblocks bildet sich eine sehr kalte Gasschicht, die sich mit der Luft vermischt und diese stark abkühlt. Wird die Luft unter 0 °C abgekühlt, gefriert der in der Luft enthaltene Wasserdampf. Es entsteht Eisnebel. Erwärmt sich dieser, geht er in Tröpfchennebel über, bei weiterer Erwärmung verdunsten die Tröpfchen wieder, der Nebel löst sich auf. Trockeneisnebel kriecht über den Boden, da gasförmiges Kohlenstoffdioxid eine höhere Dichte als das Gasgemisch Luft hat.

ZUM ÜBEN UND WEITERDENKEN

M2 Animation zur Chlorgasreaktion — Schulbuchseite 149

A1 Der virtuelle Versuch ist unter Mediencode 05001-11 durchzuführen.

A2 Legende zu den dargestellten Teilchen:

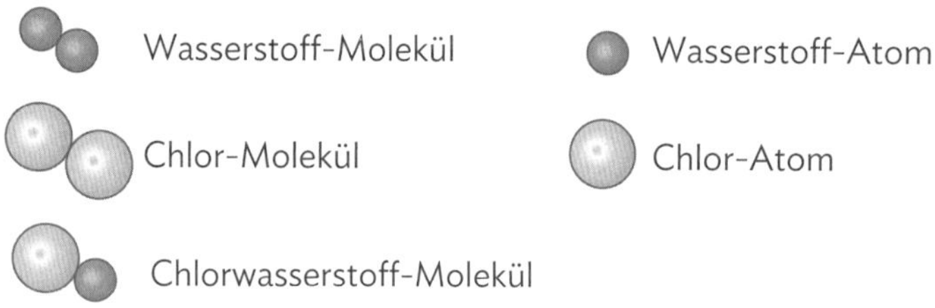

A3

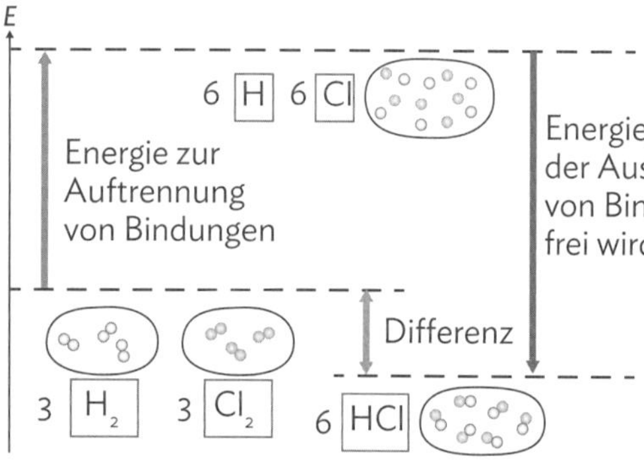

A4 Die beteiligten Moleküle haben die folgenden LEWIS-Strukturformeln:

Wasserstoff: H — H; Chlor: $|\overline{\underline{Cl}} - \overline{\underline{Cl}}|$; Chlorwasserstoff: $H - \overline{\underline{Cl}}|$

Die Wasserstoff-Moleküle und die Chlor-Moleküle bestehen aus zweiatomigen Molekülen, in denen zwei Atome desselben Elements gebunden sind. Im Chlorwasserstoff-Molekül sind zwei Atome verschiedener Elemente miteinander verbunden. Chlor und Wasserstoff sind Elemente, Chlorwasserstoff ist eine Verbindung.
Hinweis: Bei den Chlor-Molekülen und den Wasserstoff-Molekülen ist die Ladungsdichte zwischen den Atomkernen symmetrisch verteilt, beim Chlor-Wasserstoff-Molekül ist die Ladungsdichte aufgrund der größeren Elektronegativität des Chlor-Atoms zum Chlor-Atom hin verschoben. Chlor und Wasserstoff sind unpolare Stoffe, Chlorwasserstoff zählt zu den polaren Stoffen. Diese Inhalte sind Gegenstand des Folgekapitels.

A5 Bei der Chlorknallgasreaktion handelt es sich um eine exotherme Reaktion, da mehr Energie bei der Ausbildung von Bindungen freigesetzt wird als zum Auftrennen von Bindungen in den Molekülen der Edukte nötig ist. Die Aktivierungsenergie entspricht der Energie, die zum Auftrennen der Bindungen nötig ist (eingekreist).

Die Aktivierungsenergie wird in Form von Lichtenergie, also photochemisch zugeführt.

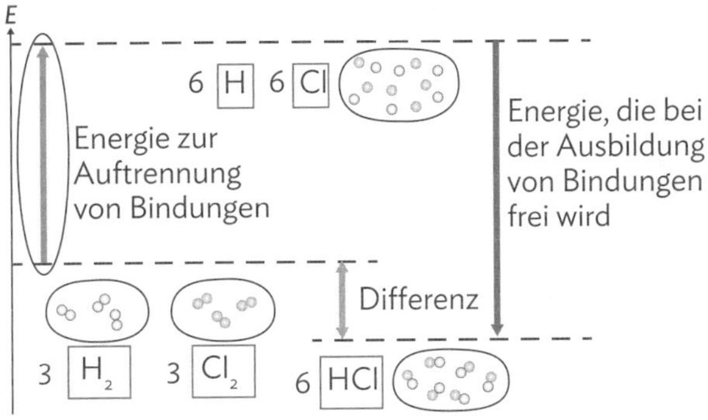

M3 Wasserstoff, ein „sauberer" Energieträger

Schulbuchseite 149

A1 Offene Antworten. *Beispielantwort*: Großtechnisch wird Wasserstoff aus Kohlenwasserstoffen, i. d. R. aus Methangas, und Wasser gewonnen. Methangas zählt zu den fossilen Brennstoffen, deren Weltvorräte endlich sind.

Bei der Reaktion von Methan und Wasser entsteht ein Gemisch aus Wasserstoff und Kohlenstoffmonooxid. Die Reaktion ist endotherm, die Wärme muss also von außen zugeführt werden. Dazu werden die Syntheseöfen elektrisch beheizt.

Würde Wasserstoff durch Elektrolyse von Wasser gewonnen, bei der der benötigte Strom photovoltaisch erzeugt würde, wäre die Aussage „Wasserstoff ist ein sauberer Energieträger" richtig. Fast drei Viertel der in Deutschland erzeugten elektrischen Energie stammt aus Kohle, Erdgas und Kernenergie. Würde man heutzutage Wasserstoff elektrolytisch gewinnen, würde der für die Elektrolyse erforderliche Strom konventionell erzeugt werden, die Aussage wäre somit zur Zeit nicht zutreffend.

A2 *Vorteile*: Wasserstoff hat einen hohen Heizwert, bei seiner Verbrennung wird eine große Wärmemenge frei. Das Verbrennungsprodukt Wasser ist umweltfreundlich und geht einen Kreislaufprozess ein (Wasserkreislauf). Die Herstellung kann mithilfe von elektrischem Strom aus Meerwasser leicht erfolgen. Umweltfreundlich ist das, wenn der Strom z.B. photovoltaisch erzeugt wird. Wasserstoff ist als Gas, verflüssigt oder als Metallhydrid speicherbar und kann somit als Energiespeicher dienen.

Nachteile: Mit Sauerstoff bildet Wasserstoff ein explosives Knallgasgemisch, so dass der Umgang mit dem Gas nicht unbedenklich ist.

ZUM ÜBEN UND WEITERDENKEN

A3 Offene Antworten. Beispielzeichnung:

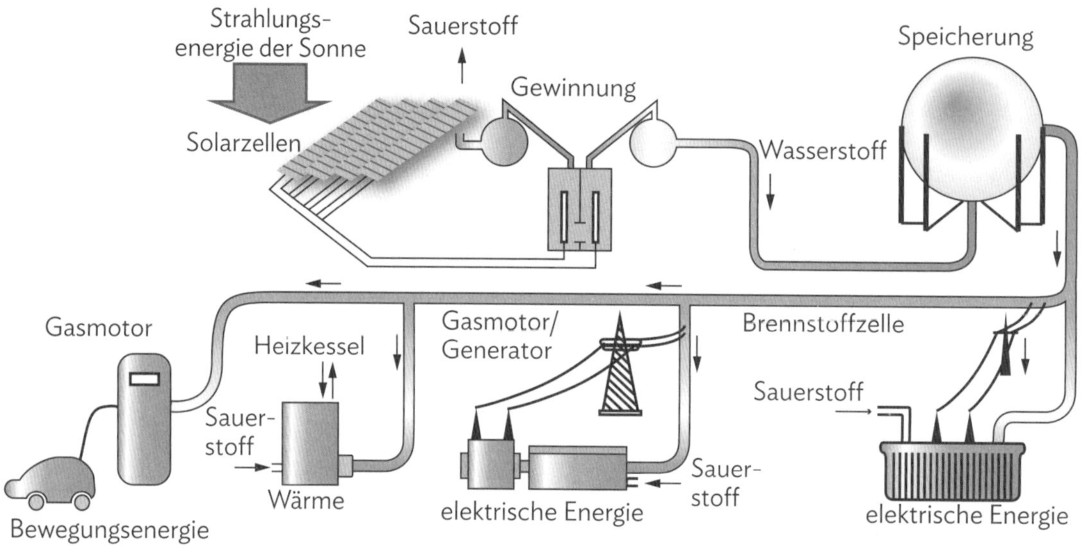

VERSUCHE UND MATERIAL

V AUSWERTUNG

Schulbuchseite 158

LV1

a) Mit der Blaufärbung des Watesmo-Papiers wird Wasser nachgewiesen.

b) Bei der Verbrennung von Wasserstoff entsteht Wasser im gasförmigen Zustand. Der Nachweis von Wasser mithilfe des Watesmo-Papiers ist nur mit flüssigem Wasser möglich. Die Kühlung ist daher notwendig, um das Wasser zu verflüssigen.

c) Wasserstoff (g) + Sauerstoff (g) ⟶ Wasser (g)

d) Da Wasser durch Reaktion von Sauerstoff und Wasserstoff gebildet wird, bestehen die Wasser-Moleküle aus Atomen dieser Elemente. Wasser muss daher eine chemische Verbindung sein.

V AUSWERTUNG

Schulbuchseite 159

LV2

a) Aussehen vor dem Verbrennen: fest, silberglänzend (Magnesiumband)
Aussehen nach dem Verbrennen: weißes Pulver

b) Bei der Reaktion, dem Verbrennen des Magnesiums, wird Magnesiumoxid gebildet, das mit Wasser unter Bildung von Magnesiumhydroxid reagiert. Das feuchte Indikatorpapier färbt sich in Anwesenheit von Magnesiumhydroxid(-lösung) blau.

c) Bei der Reaktion bildet sich gasförmiger Wasserstoff.
Das entstehende Gas (Wasserstoffgas) sollte erst nach einiger Zeit aufgefangen werden, da zunächst die in der Apparatur vorhandene Luft verdrängt werden muss. Erst wenn diese vollständig entwichen ist, kann reiner Wasserstoff aufgefangen werden.

d) Magnesium (s) + Wasser (l) ⟶ Magnesiumoxid (aq) + Wasserstoff (g)

e) Der Versuch zeigt, dass Wasser aus den Elementen Sauerstoff (Reaktionsprodukt Magnesiumoxid) und Wasserstoff (Nachweis durch Knallgasprobe) besteht.

LV3

a) Bei **LV3** findet eine chemische Reaktion statt, da die Kriterien für eine chemische Reaktion erfüllt sind: Es entstehen neue Stoffe mit neuen Eigenschaften (aus flüssigem Wasser entstehen zwei neue, gasförmige Stoffe) und es findet eine Energieumwandlung statt (Umwandlung von elektrischer in chemische Energie).

b) An den Elektroden entstehen Sauerstoff und Wasserstoff, Sauerstoff entsteht am Pluspol und Wasserstoff entsteht am Minuspol.

c) Wasser (l) ⟶ Sauerstoff (g) + Wasserstoff (g)

d) Nach Abschalten der elektrischen Spannung hat sich das doppelte Volumen an Sauerstoff wie an Wasserstoff gebildet: $V(H_2) = 2\,V(O_2)$
Im Wasser-Molekül sind doppelt so viele Wasserstoff-Atome wie Sauerstoff-Atome enthalten.

e) In beiden Experimenten (**LV2** und **LV3**) wird Wasser in seine Bestandteile zerlegt. In **LV2** wird Wasser durch Reaktion mit Magnesium, in **LV3** durch elektrischen Strom zerlegt. Beide Experimente bestätigen damit, dass Wasser eine Verbindung aus den Elementen Wasserstoff und Sauerstoff ist. In **LV3** wird zusätzlich deutlich, dass das Verhältnis zwischen Sauerstoff-Atomen und Wasserstoff-Atomen im Wasser-Molekül 1:2 beträgt.

ERARBEITUNG

A AUFGABEN Schulbuchseite 161

A1 Bei der Elektrolyse von Wasser werden zwei Gase (Wasserstoff und Sauerstoff) gebildet, die pneumatisch aufgefangen und nachgewiesen werden können. Wasser ist damit eine chemische Verbindung aus Wasserstoff und Sauerstoff, bzw. Wasser-Moleküle bestehen aus Atomen dieser beiden Elemente.

A2 Reinstoffe, die durch eine chemische Reaktion in andere Reinstoffe zerlegt werden können, sind chemische Verbindungen (z.B. Wasser).
Reinstoffe, die durch chemische Reaktionen nicht in andere Reinstoffe zerlegt werden können, sind chemische Elemente (z.B. Wasserstoff H und Sauerstoff O).

A3 Die Aussage ist fachlich nicht korrekt.
Die Bezeichnungen Wasserstoff und Sauerstoff stehen einerseits für die Gase, die beide aus zweiatomigen Molekülen bestehen (Wasserstoff H_2 und Sauerstoff O_2), und andererseits für die Elemente Wasserstoff H und Sauerstoff O.
Die fachsprachlich korrekte Aussage lautet: „Wasser besteht aus den Elementen Wasserstoff und Sauerstoff."

A4 Magnesium reagiert mit Wasser in einer sehr stark exothermen Reaktion. Dabei entsteht Wasserstoff, der brennbar ist.

A AUFGABEN Schulbuchseite 163

A1 1.000.000 Wasser-Moleküle enthalten 2.000.000 Wasserstoff-Atome und 1.000.000 Sauerstoff-Atome. Da Wasserstoff- und Sauerstoff-Moleküle jeweils aus zwei Atomen bestehen, werden 1.000.000 Wasserstoff-Moleküle und 500.000 Sauerstoff-Moleküle benötigt.

A2 Wasser-Moleküle sind Teilchenverbände aus drei Atomen. Ein Wasser-Molekül besteht aus je einem Sauerstoff-Atom und zwei Wasserstoff-Atomen. Da gleiche Volumina verschiedener Gase bei gleicher Temperatur und gleichem Druck gleich viele Teilchen enthalten, werden zur Verbrennung von 25 L Wasserstoff 12,5 L Sauerstoff benötigt.

A3 Die Hypothese kann mit folgenden Experimenten überprüft werden:

a) Durchführung einer Elektrolyse von Wasser mit Nachweis der Reaktionsprodukte

b) Verbrennung von Wasserstoff in reinem Sauerstoff und Nachweis des Reaktionsprodukts.

A4 Zwei Volumeneinheiten Wasserdampf enthalten x Wasser-Moleküle, d.h. 4 x Wasserstoff-Atome und 2 x Sauerstoff-Atome. Eine Volumeneinheit Sauerstoff enthält x Sauerstoff-Moleküle, d.h. 2 x Sauerstoff-Atome. Insgesamt sind danach 4 x Wasserstoff-Atome und 4 x Sauerstoff-Atome in zwei Volumeneinheiten Wasserstoffperoxid enthalten. Ein Wasserstoffperoxid-Molekül muss daher aus zwei Wasserstoff-Atomen und zwei Sauerstoff-Atomen bestehen.
2 x Wasserstoffperoxid $\longrightarrow$ 2 x Wasser + 1 x Sauerstoff
2 x Wasserstoffperoxid $\longrightarrow 2\ H_2O + O_2$
$2\ H_2O_2 \longrightarrow 2\ H_2O + O_2$

FACHMETHODE:

Verschiedenen Darstellungen von Teilchen Informationen entnehmen

A AUFGABEN Schulbuchseite 164

A1

Molekülname	Kalottenmodell	Molekülformel
Ammoniak	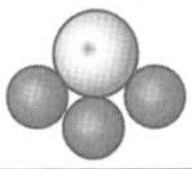	NH_3
Wasserstoff		H_2
Stickstoff		N_2
Kohlenstoffdioxid	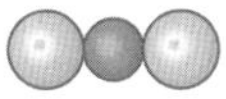	CO_2

FACHMETHODE: Reaktionsgleichungen aufstellen

A AUFGABEN Schulbuchseite 165

A1 Schrittweises Aufstellen der Reaktionsgleichung zur Bildung von Ammoniak NH_3 aus den Elementen Wasserstoff H_2 und Stickstoff N_2:

1. Stickstoff (g) + Wasserstoff (g) ⟶ Ammoniak (g)
2. ______ N_2 + ______ H_2 ⟶ ______ NH_3
3. a. ______ N_2 + ______ H_2 ⟶ 2 NH_3

   b. ______ N_2 + 3 H_2 ⟶ 2 NH_3
4. Kontrolle: Die Atombilanz ist ausgeglichen.

4.2 Die Elektronenpaarbindung: polar oder unpolar?

VERSUCHE UND MATERIAL

V AUSWERTUNG

Schulbuchseite 166

LV1

a) LEWIS-Strukturformel für das Chlorwasserstoff-Molekül:

H—$\overline{\underline{\text{Cl}}}$|

Elektronenschreibweise für das Chlorwasserstoff-Molekül:

H··$\ddot{\underset{..}{\text{Cl}}}$:

M AUSWERTUNG

Schulbuchseite 167

M1

a) Beschreibung der Teilchenverbände: In **B1** ist ein Gemisch aus zwei verschiedenen Molekülsorten, Chlor-Molekülen (grün) und Wasserstoff-Molekülen (hellgrau), zu sehen, in dem die einzelnen Moleküle Abstand zueinander haben. Die Chlor-Moleküle bestehen aus je zwei Chlor-Atomen, die durch eine unpolare Elektronenpaarbindung zusammengehalten werden, und die Wasserstoff-Atome bestehen aus je zwei Wasserstoff-Atomen, die ebenfalls durch eine unpolare Elektronenpaarbindung miteinander verbunden sind. **B2** zeigt die Reaktion von Chlor-Molekülen mit Wasserstoff-Molekülen (angedeutet durch die „Blitze"). Dabei werden die Bindungen in den Chlor- bzw. Wasserstoff-Molekülen getrennt und man sieht einzelne Chlor- und Wasserstoff-Atome. Diese reagieren unter Ausbildung einer Elektronenpaarbindung zu Chlorwasserstoff-Molekülen (grün-grau) aus je einem Chlor-Atom und einem Wasserstoff-Atom. In dem Bild erkennt man, dass während der Reaktion gleichzeitig Wasserstoff-, Chlor- und schon einige Chlorwasserstoff-Moleküle sowie einzelne Chlor- und Wasserstoff-Atome vorliegen. In **B3** sieht man Chlorwasserstoff-Moleküle, die aus je einem Chlor- und einem Wasserstoff-Atom bestehen. Die Atome sind durch eine polare Elektronenpaarbindung miteinander verbunden.

b) Chlor-Moleküle Cl_2: grüne Doppelkugeln. Im Chlor-Molekül sind zwei gleichartige Atome (Chlor-Atome) miteinander verbunden, daher muss es durch zwei gleichfarbige Kugeln dargestellt werden. Ein Chlor-Atom ist größer als ein Wasserstoff-Atom und muss daher durch eine größere Kugel dargestellt werden. In den Bildern sind die grünen Kugeln die größeren.
Wasserstoff-Moleküle H_2: hellgraue Doppelkugeln. Im Wasserstoff-Molekül sind zwei gleichartige Atome (Wasserstoff-Atome) miteinander verbunden, daher muss es durch zwei gleichfarbige Kugeln dargestellt werden. Ein Wasserstoff-Atom ist kleiner als ein Chlor-Atom und muss daher durch eine kleinere Kugel dargestellt werden. In den Bildern sind die hellgrauen Kugeln die kleineren.
Chlor-Wasserstoff-Moleküle HCl: grün-hellgraue Doppelkugeln. Ein Chlorwasserstoff-Molekül besteht aus zwei verschiedenen Atomen, einem Chlor- und einem Wasserstoff-Atom. Es muss daher durch zwei verschiedenfarbige (grün und hellgrau), unterschiedlich große Kugeln dargestellt werden.

c) **B1**: Text B; **B2**: Text C; **B3**: Text A

d) Ein Lichtblitz löst die Reaktion aus. Er dient als Aktivierungsenergie. Die Bildung von Chlorwasserstoff erfolgt unter Energieabgabe, was der explosionsartigen Reaktionsverlauf in der Animation zeigt.

e) Chlor (g) + Wasserstoff (g) ⟶ Chlorwasserstoff (g)
Cl_2 (g) + H_2 (g) ⟶ 2 HCl (g)

V AUSWERTUNG

Schulbuchseite 167

V2

a) Unmittelbar nach Entzünden des Wasserstoffs kann man an der Wand des Reagenzglases beobachten, dass es beschlägt. Bei der Reaktion muss ein gasförmiger Stoff entstanden sein, der bei Raumtemperatur zu einer farblosen Flüssigkeit kondensiert, dies könnte Wasser sein. Als Nachweis für Wasser kann man den Test mit Watesmo-Papier führen, dies färbt sich in Gegenwart von Wasser blau.

b) Wasserstoff (g) + Sauerstoff (g) ⟶ Wasser (g)

$2\,H_2\,(g) + O_2\,(g) \longrightarrow 2\,H_2O\,(g)$

c)

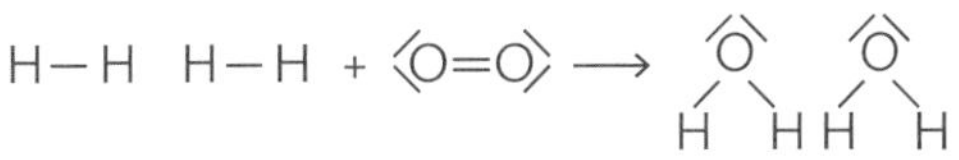

4.2 Die Elektronenpaarbindung: polar oder unpolar?

ERARBEITUNG

A AUFGABEN

Schulbuchseite 169

A1 **B2** ist zu entnehmen, dass die Elektronegativitätswerte innerhalb einer Periode von links nach rechts zunehmen und innerhalb einer Hauptgruppe von oben nach unten abnehmen. Für die Elemente der Hauptgruppe VIII sind keine Elektronegativitätswerte angegeben.

A2 LEWIS-Strukturformeln der Moleküle von HF, HCl, HBr und HI, jeweils mit Kennzeichnung der positiven bzw. negativen Partialladung und geordnet nach abnehmender Polarität (von links nach rechts):

$H-\overline{\underline{F}}\vert$	>	$H-\overline{\underline{Cl}}\vert$	>	$H-\overline{\underline{Br}}\vert$	>	$H-\overline{\underline{I}}\vert$
EN = 1,9		EN = 0,9		EN = 0,7		EN = 0,4

A3 Die Elektronenpaarbindung im Brom-Molekül ist unpolar. Im Brom-Molekül Br_2 sind zwei gleiche Atome miteinander verbunden, die Elektronegativitätswerte der beiden Bindungspartner sind daher gleich groß und die Bindungselektronen sind symmetrisch verteilt. Die Elektronenpaarbindung im Bromwasserstoff-Molekül ist polar. Im Bromwasserstoff-Molekül HBr sind ein Brom- und ein Wasserstoff-Atom miteinander verbunden, deren Elektronegativitätswerte unterschiedlich sind. Das Brom-Atom hat einen höheren Elektronegativitätswert, daher werden die Bindungselektronen stärker vom Brom-Atom angezogen und sind zum Brom-Atom hin verschoben. An diesem bildet sich ein negativer Ladungsschwerpunkt, eine negative Partialladung aus.

A4 Edelgase haben keine Elektronegativität, da diese nur für Bindungselektronen definiert ist. Die Edelgase gehen keine chemischen Bindungen ein, weil sie eine voll besetzte äußere Elektronenschale haben.

VERSUCHE UND MATERIAL

V AUSWERTUNG

Schulbuchseite 170

V1

a) Methan ist farblos und brennbar. Es verbrennt an der Luft mit blauer Flamme zu zwei Verbrennungsprodukten.

b) In **V1a** wird das Entstehen von Wasser durch Blaufärbung von Watesmo-Papier oder weißem Kupfersulfat nachgewiesen.
In **V1b** wird das Entstehen von Kohlenstoffdioxid mit der Kalkwasserprobe nachgewiesen.

c) Wenn bei der Verbrennung von Methan Kohlenstoffdioxid entsteht, muss das Methan-Molekül gebundene Kohlenstoff-Atome enthalten, da die Sauerstoff-Atome aus dem Sauerstoff der Luft stammen.
Wenn bei der Verbrennung von Methan Wasser entsteht, muss das Methan-Molekül gebundene Wasserstoff-Atome enthalten, da die Sauerstoff-Atome aus dem Sauerstoff der Luft stammen.

d) Methan (g) + Sauerstoff (g) ⟶ Kohlenstoffdioxid (g) + Wasser (g)
$CH_4\,(g) + 2\,O_2\,(g) \longrightarrow CO_2\,(g) + 2\,H_2O\,(g)$

V AUSWERTUNG

Schulbuchseite 171

V2

a) Mögliche Modelle sind:

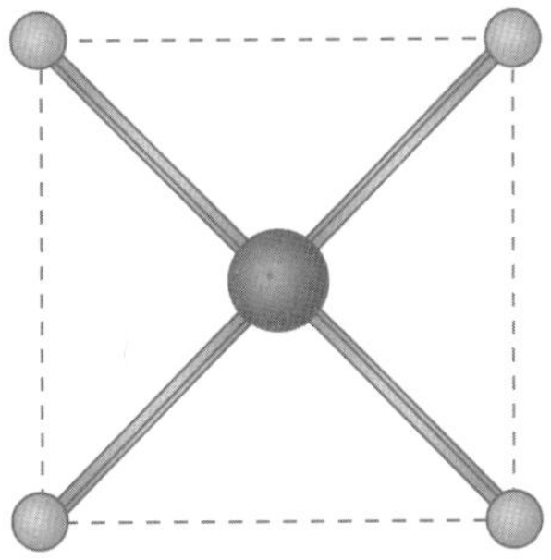	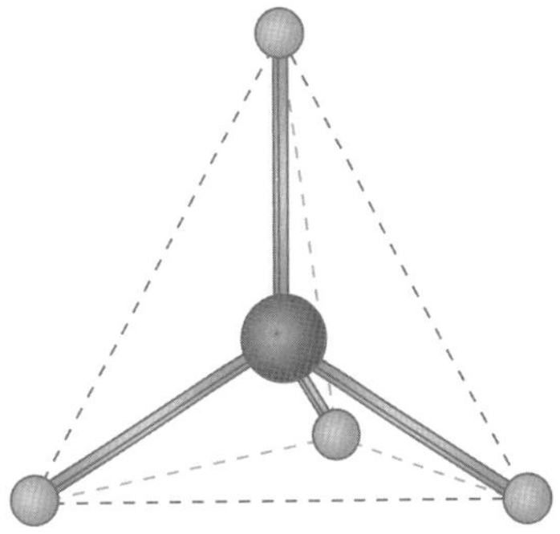
Dieses Modell ist nicht geeignet, da der Abstand der Streichhölzer nur 90 ° beträgt.	Dieses Modell ist geeignet, da der Abstand der Streichhölzer 109 ° beträgt.

b) Im Methan-Molekül haben die vier Elektronenpaare, durch die die vier Wasserstoff-Atome mit dem zentralen Kohlenstoff-Atom verbunden sind, alle dieselbe negative Ladung, da sie jeweils aus zwei Elektronen bestehen. Diese vier gleich geladenen Elektronenpaare stoßen sich möglichst weit voneinander ab (gleiche Ladungen stoßen sich ab).

V

AUSWERTUNG

Schulbuchseite 171

V3
LV4
V5

a) Der Wasserstrahl (**V3**) wird abgelenkt bzw. knickt ab. Der Heptanstrahl (**LV4**) bleibt unverändert.

b) Das Wasser-Molekül muss ein polares Molekül sein. Teilchen mit entgegengesetzter Ladung ziehen sich an. Das bewirkt das Abknicken des Wasserstrahls in der Nähe eines elektrisch geladenen Hartgummistabs.
Wenn der Heptanstrahl nicht durch einen elektrisch aufgeladenen Stab ablenkbar ist, müssen Heptan-Moleküle unpolar sein.

c) Modellvergleich und Diskussion wie bei Auswertung von **V2a**).

d) Das Wasser-Molekül ist gewinkelt. Nach dem Elektronenpaar-Abstoßungs-Modell ergibt sich beim Wasser-Molekül mit den zwei bindenden und zwei nichtbindenden Elektronenpaaren eine tetraedrische Anordnung um das Sauerstoff-Atom. Das Wasser-Molekül ist ein Dipol-Molekül, weil die Elektronenpaarbindungen polar sind und die räumliche Molekülstruktur gewinkelt ist.

ERARBEITUNG

A AUFGABEN

Schulbuchseite 173

A1 EPA-Modell des Wasser-Moleküls: räumliche Anordnung aller Elektronenpaare und Atome
Kalotten-Modell des Wasser-Moleküls: räumliche Anordnung der Atome ohne Elektronenpaare
Wasser-Molekül als Dipol-Molekül: Die Ladungsschwerpunkte werden durch Farbgebung zusätzlich verdeutlicht.

Gemeinsamkeit aller Modelle: Ladungsschwerpunkte sind erkennbar.

A2 Das Kugelstabmodell des Ammoniak-Moleküls NH_3 sollte wie folgt gebaut sein:

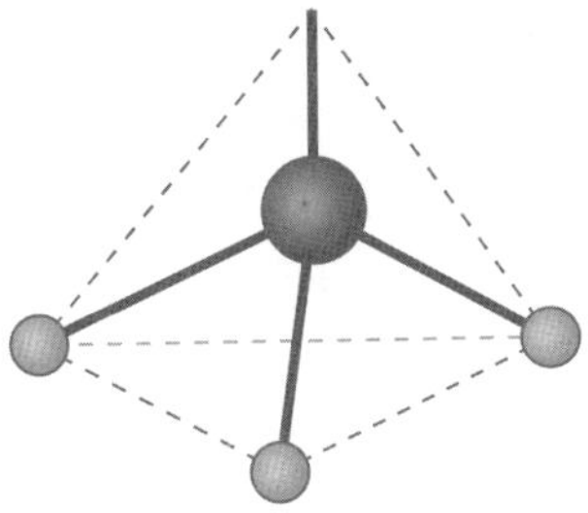

VERSUCHE UND MATERIAL

V AUSWERTUNG

Schulbuchseite 174

V1

V2

a) Eiswürfel schwimmen auf dem Wasser, d.h. die Dichte von Wasser ist größer als die Dichte von Eis. Das feste Wachs geht im flüssigen Wachs unter, d.h. die Dichte vom festen Wachs ist größer als die Dichte vom flüssigen Wachs.

b) Das Volumen von Eis ist größer als das von Wasser. Das Volumen von flüssigem Öl ist größer als das von gefrorenem Öl.

c) Wird das Volumen einer Stoffportion beim Gefrieren größer, so verringert sich ihre Dichte.

d) Entsprechend dem Teilchenmodell befinden sich Teilchen eines festen Stoffes nah beieinander und bewegen sich kaum. Beim Übergang in den flüssigen Zustand werden die Abstände zwischen den Teilchen größer, also nimmt das Volumen zu und die Dichte ab. Wachs und Olivenöl verhalten sich „normal", da beim Übergang aus dem flüssigen in den festen Zustand jeweils die Dichte zu- und das Volumen abnehmen.

e) Da Eiswürfel auf dem Wasser schwimmen und das Volumen von Eis größer ist als das von flüssigem Wasser, unterscheidet sich Wasser in seinen Eigenschaften von anderen Stoffen und wird als „ungewöhnlicher" Stoff bezeichnet.

V AUSWERTUNG

Schulbuchseite 175

V3

V4

a) Die Oberfläche des Wassers auf den Münzen wölbt sich, nähert sich einer Kugelform an und zerläuft zunächst nicht.

b) Zwischen den Wasser-Molekülen in der Stoffportion Wasser wirken Anziehungskräfte in allen Richtungen, die sich gegenseitig ausgleichen. An der Wasseroberfläche sind diese Kräfte nicht ausgeglichen, weil keine Anziehungskräfte nach oben wirksam werden können. Hierdurch entstehen Kräfte ins Flüssigkeitsinnere hinein. Diese Kräfte halten die Tropfen so lange zusammen, bis der Zusammenhalt durch die zunehmende Masse des Wassertropfenbergs endet.

c) Lässt man die Büroklammer in Wasser fallen, bildet sich an der Oberfläche des Wassers eine Vertiefung und die Klammer sinkt.
Legt man die Büroklammer vorsichtig auf ein Stück Papier, saugt sich das Papier voll Wasser und geht nach kurzer Zeit unter, die Klammer bleibt auf der Oberfläche liegen.
Zwischen den Teilchen eines flüssigen Stoffes wirken Anziehungskräfte. Die Anziehungskräfte zwischen den Wasser-Teilchen sind stark. Beim Fallenlassen der Büroklammer werden sie überwunden, die Klammer sinkt. Wird eine Büroklammer vorsichtig auf die Oberfläche gelegt, so bleiben diese Kräfte bestehen, die Klammer schwimmt auf dem Wasser.

V

AUSWERTUNG

Schulbuchseite 174

V5

V6

a) Offene Antworten. *Beispiel-Skizze:*

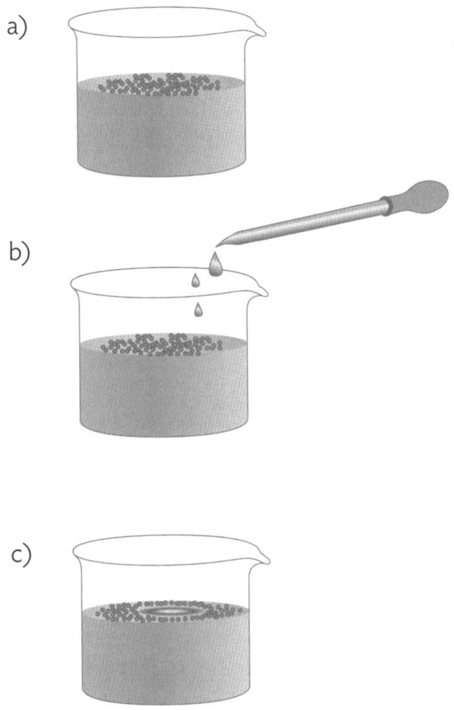

b) Wasser-Moleküle ziehen sich gegenseitig an. An der Wasseroberfläche wirken diese Kräfte einseitig ins Flüssigkeitsinnere hinein. Es entsteht eine Art „Wasserhaut", auf der der Pfeffer schwimmt.

c) In der Flasche befindet sich Wasser mit einer bestimmten Masse, auf das die Erdanziehung wirkt. Das Wasser bleibt jedoch in der Flasche, weil auf der Oberfläche Anziehungskräfte zwischen den Molekülen wirken und die Oberflächenspannung des Wassers so groß ist, dass das Wasser nicht ausfließt. Übt man zusätzlich Druck auf das Wasser in der Flasche aus, so werden die Anziehungskräfte zwischen den Molekülen überwunden und das Wasser fließt aus der Flasche.

d) Wasser-Moleküle sind Dipole, die wirkenden Anziehungskräfte bezeichnet man als Wasserstoffbrückenbindungen. Diese werden durch das Zusammendrücken der Flasche überwunden.

e) Seifen-Moleküle drängen sich zwischen die Wasser-Moleküle und zerstören die Anziehungskräfte. Dadurch wird der Zusammenhalt der Wasser-Moleküle verringert (die Wasserstoffbrückenbindungen werden zerstört) und die Oberflächenspannung des Wassers herabgesetzt.
Folgende Aussage wäre ebenfalls ausreichend:
Seifen-Moleküle zerstören den Zusammenhalt der Wasser-Moleküle.

f) In Wasser befinden sich die Wasser-Moleküle nah beieinander, sodass Wasserstoffbrückenbindungen ausgebildet werden können. Gibt man Spülmittel hinzu, so drängen sich die Seifen-Moleküle zwischen die Wasser-Moleküle und zerstören die Bindungen.

ERARBEITUNG

A AUFGABEN Schulbuchseite 177

A1 Durch Zugabe von Spülmittel (Spüli) wollen die beiden Matrosen die Oberflächenspannung des Wassers herabsenken. Dadurch wollen sie erreichen, dass das U-Boot sinkt.

A2 Aufgrund von stark polaren Elektronenpaarbindungen und ihrer gewinkelten Struktur sind Ammoniak-Moleküle NH_3 Dipole, eine Ausbildung von Wasserstoffbrückenbindungen ist möglich. Im Kohlenstoffdioxid-Molekül liegen zwar auch polare Elektronenpaarbindungen vor, das Molekül ist jedoch linear aufgebaut, also kein Dipol. Das Methan-Molekül ist aufgrund seiner gleichmäßigen Verteilung der Partialladungen unpolar.

A AUFGABEN Schulbuchseite 179

Gruppenarbeit mit interaktiven Animationen: Offene Antworten.
Beispielantworten:
Gruppe „Oberflächenspannung“

a) Sauerstoff-Atome und Wasserstoff-Atome haben unterschiedliche Elektronegativitätswerte, die Differenz der Elektronegativitätswerte zwischen Sauerstoff- und Wasserstoff-Atomen ist mit 1,4 recht hoch, sodass die Elektronenpaarbindungen im Wasser-Molekül polar sind. Das Sauerstoff-Atom hat eine negative Partialladung und die Wasserstoff-Atome haben je eine positive Partialladung. Wegen der gewinkelten Struktur des Wasser-Moleküls ergeben sich unterschiedliche Ladungsschwerpunkte, das Wasser-Molekül ist ein Dipol-Molekül. Aufgrund dieses Dipol-Charakters ziehen sich Wasser-Moleküle untereinander an. Die Anziehungskräfte wirken zwischen den positiv polarisierten Wasserstoff-Atomen eines Moleküls und einem nichtbindenden Elektronenpaar des negativ polarisierten Sauerstoff-Atoms eines anderen Wasser-Moleküls. Man nennt diese Kräfte zwischen den Molekülen Wasserstoffbrückenbindungen.
Die hohe Oberflächenspannung ist auf diese Wasserstoffbrückenbindungen zurückzuführen. Die Wasserstoffbrückenbindungen bilden sich zwischen den Wasser-Molekülen so aus, dass ein Netzwerk aus Wasser-Molekülen entsteht. Innerhalb einer Wasserportion ziehen sich die Wasser-Moleküle gleichmäßig in alle Richtungen an. An der Oberfläche werden die Wasser-Moleküle aber nur nach innen gezogen.

b) Die Schülerskizze sollte in etwa wie die Zeichnung in **B3** auf Seite 177 im Schulbuch ausfallen.

c) Blasenschnecken und Schlammschnecken können an der Unterseite der Wasserhaut entlang kriechen (flottieren).
Wasserläufer gleiten elegant auf der „Wasserhaut“ der Teichoberfläche entlang.
Hydrobia ventrosa, Spire-Schnecke, eine Brackwasserschnecke, hängen auch oft nach unten gerichtet an der „Wasserhaut“.

Gruppe „Dichteanomalie"

a) In der Regel wird die Dichte von Stoffen beim Abkühlen größer und beim Erwärmen kleiner, z.B. bei Wachs, Olivenöl und Essig.

b) Normalerweise bilden die kleinsten Teilchen in einem Feststoffverband ein eng gepacktes regelmäßiges Gitter. Die Dichte der Stoffe im festen Zustand ist größer als im flüssigen.
Bei dem Gefrieren von Wasser entsteht aber ein recht weitmaschiges Gitter. Das liegt an der Struktur der Wasser-Moleküle und der Wasserstoffbrückenbindungen zwischen den Molekülen. Die relativ großen Hohlräume im Feststoffgitter der Wasser-Moleküle im Eiskristall bewirken die geringere Dichte und das größere Volumen einer Portion Eis (gefrorenes Wasser) im Vergleich zu derselben Portion (flüssigen) Wasser bei Raumtemperatur.

c) Für die Natur hat die Anomalie des Wassers eine besondere Bedeutung.
Da Wasser bei 4 °C die größte Dichte hat, ist es am Grund eines Sees und am Meeresgrund zu finden und wird in Richtung Wasseroberfläche je nachdem wärmer oder kälter.
Im Winter friert ein Gewässer von oben nach unten zu. Deswegen können Fische auch im Winter bei Minusgraden am Boden überwintern. Im Meer sind Fische, die niedrige Temperaturen benötigen, weiter unten zu finden als die, die sehr warmes Wasser bevorzugen.
Gäbe es diese Anomalie nicht, würde ein Gewässer von unten nach oben gefrieren und Tiere und Pflanzen könnten nicht überleben.

FACHMETHODE: Diagramme erstellen und interpretieren

A AUFGABEN

Schulbuchseite 181

A1

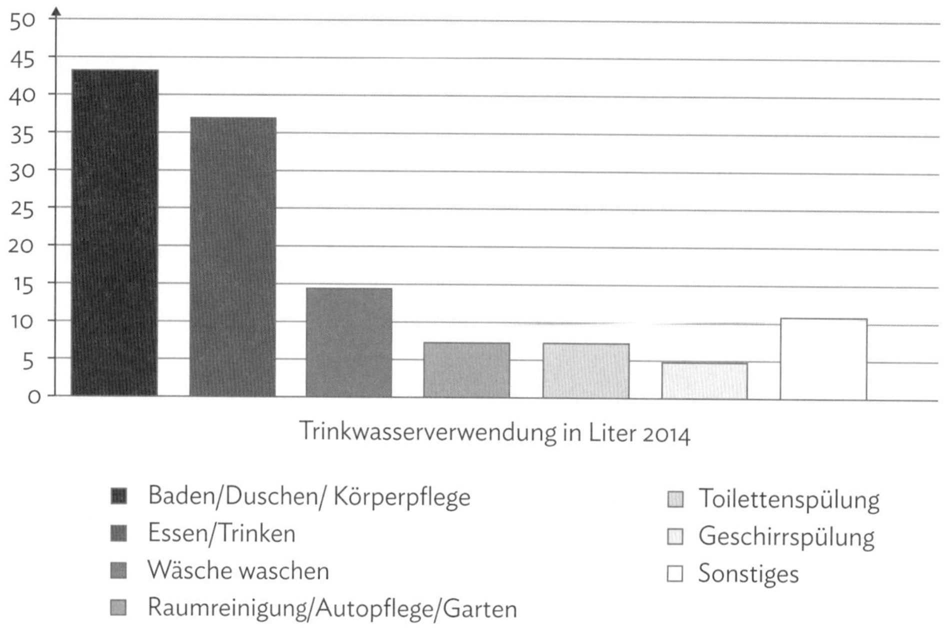

A2

In dem Liniendiagramm in **B2** (Schulbuchseite 180) ist die Löslichkeit von Sauerstoffgas in einem Liter Wasser in Abhängigkeit von der Temperatur dargestellt. Auf der x-Achse ist der Temperaturbereich von 10 °C bis 90 °C aufgetragen. Auf der y-Achse ist die Masse von Sauerstoffgas in einem Liter Wasser aufgetragen. Es ist zu erkennen, dass die Kurve mit steigender Temperatur fällt. Der Kurvenabfall ist zwischen 10 °C und 50 °C am größten. Aus dem Kurvenverlauf des Liniendiagramms geht hervor, dass die Löslichkeit von Sauerstoffgas in Wasser mit steigender Temperatur sinkt.

VERSUCHE UND MATERIAL

V AUSWERTUNG

Schulbuchseite 182

V1
V2

a) „Wasserhaltig" sind Kartoffel, Apfel, Schwarzbrot, Gurke und ein frisches Weizenbrötchen, „nicht wasserhaltig" sind Zucker und Mehl (und ein sehr trockenes Weizenbrötchen).

b) Bei jeder Probe muss die Masse nach dem Erhitzen von der Masse vor dem Erhitzen abgezogen werden.

c) Beim Erhitzen verdampft das gesamte in den Lebensmittelproben enthaltene Wasser und entweicht. Daher haben die Proben nach dem Erhitzen eine Masse, die um die Masse der jeweils entwichenen Wassermenge geringer ist. Die Massendifferenz einer Probe vor und nach dem Erhitzen entspricht der Masse des Wassers, das in der Probe vor dem Erhitzen enthalten ist.
Angesichts der Versuchsbedingungen (Verwendung kleiner Stücke, Temperatur um 120 °C und einer Dauer des Erhitzens von 2 Stunden) ist davon auszugehen, dass die Proben nach dem Erhitzen relativ wasserfrei sind.

d) Ordnung der Lebensmittel nach ihrem Wasseranteil: Gurke > Apfel > Schwarzbrot > Weizenbrötchen
Beispielrechnung zur Ermittlung des prozentualen Anteils an Wasser:
Masse Gurke vor dem Erhitzen: m = 10 g, Masse Gurke nach dem Erhitzen m = 0,6 g
Daraus ergibt sich eine Masse von Wasser von m = 9,4 g.
Der prozentuale Anteil von Wasser in der Probe Gurke beträgt $\frac{9{,}4\text{ g} \cdot 100}{10\text{ g}}$ 94 %.

V AUSWERTUNG

Schulbuchseite 183

V3
V4
V5

a) Im warmen Wasser löst sich der Zucker deutlich schneller als in kaltem Wasser. In beiden Fällen löst sich aber die gesamte Zuckerportion.

b) Entgegen der alltäglichen Beobachtung, dass sich Stoffe in heißem Wasser besser lösen als in kaltem Wasser, ist die Löslichkeit von Kochsalz nahezu temperaturunabhängig.

c) In **V4** bleiben nach dem Eindampfen bei den Proben a), c) und d) Rückstände auf dem Uhrglas. Sie bilden eine dünne, weißliche Kruste auf dem Glas. Je nach verwendeten Wasserproben unterscheiden sich die Rückstände in ihrer Menge. Destilliertes Wasser hinterlässt keinen Rückstand.

d) Die Massendifferenz lässt sich durch Vergleich der mit einer feinen Waage gemessenen Massen vor und nach dem Eindampfen ermitteln. Die Differenz entspricht der Masse der gelösten Stoffe und wird in die angegebene Gleichung eingesetzt.

e) In beiden Fällen geht man quantitativ vor und ermittelt die Massen der Proben vor und nach dem Erhitzen. In **V2** werden feste Lebensmittelproben im Ofen erhitzt, um das enthaltenen Wasser auszutreiben, in **V5** wird eine Wasserprobe eingedampft. Es wird jeweils die Masse des enthaltenen Wassers durch Differenz der gewogenen Massen ermittelt.

V AUSWERTUNG

Schulbuchseite 183

V6

a) Beim Auflösen der ersten Tablette erhält man ein Gasvolumen V_1 im Messzylinder. Beim Auflösen der zweiten Tablette erhält man ein Volumen V_2, das größer ist als V_1. Der Unterschied beruht darauf, dass beim Lösen der ersten Tablette ein Teil des entstehenden Kohlenstoffdioxids im Wasser gelöst wird. Wenn die zweite Tablette gelöst wird, kann das gesamte entstehende Gasvolumen aufgefangen werden, da das Wasser nun an Kohlenstoffdioxid gesättigt ist. Aus der Differenz kann man ableiten, wie viel Kohlenstoffdioxid im Wasser gelöst wurde.

b) Würde man eine dritte Brausetablette auflösen, entspräche das aufgefangene Volumen dem Volumen V_2.

ERARBEITUNG

A AUFGABEN Schulbuchseite 185

A1 Feststoff in Wasser: Salzwasser, stilles Mineralwasser
Flüssigkeit in Wasser: alkoholhaltige Getränke
Gas in Wasser: Sprudelwasser

A2 Die Ermittlung der Massenkonzentration von Fett, Zucker und Salz erfolgt nach folgendem Muster:

$\beta = m(\text{gelöster Stoff})/V(\text{Lösung})$; Einheit: [g/L].

Einsetzen der Werte m(Fett) = 0 g, m(Zucker) = 6,4 g und m(Salz) = 0,01 g und V(Lösung) = 0,1 L.
Daraus ergeben sich die folgenden Massenkonzentrationen β = 0 g/L für Fett, β = 64 g/L für Zucker und unter β = 0,1 g/L für Salz.

A3 100 g Gurke enthalten im Schnitt 96 g Wasser. Die Dichte von Wasser beträgt 1 kg/L, 500 mL Wasser haben eine Masse von m = 500 g.

$$m(\text{Gurke}) = \frac{500\text{ g} \cdot 100\text{ g}}{96\text{ g}} = 520{,}8\text{ g}$$

Um 500 g Wasser aufzunehmen, müsste man 520,8 g Gurke verzehren.

A AUFGABEN Schulbuchseite 187

A1 Die Aussage: „Klar können Fische im Wasser atmen. Schließlich ist die Formel von Wasser ja H_2O." beruht darauf, dass in Wasser gebundener Sauerstoff (Elementsymbol O) enthalten ist. Tatsächlich brauchen die Fische aber gelösten Sauerstoff, der elementar vorliegt (Molekülformel O_2). Es liegt die Fehlvorstellung vor, dass gebundener Sauerstoff für Fische gleichermaßen verfügbar ist wie elementarer Sauerstoff.

A2 Die Lebensbedingungen für Fische in einem kühlen Gebirgsbach und in einem flachen See unterscheiden sich dadurch, dass unterschiedliche Wassertemperaturen vorliegen, die einen Einfluss auf die Menge an gelöstem Sauerstoff haben (vgl. Angaben in B7 auf Schulbuchseite 187). Das hat Konsequenzen für das Leben im Wasser. Steigt die Temperatur zu stark an, können die Bedingungen für Fische und andere Organismen sogar lebensfeindlich werden.

ERARBEITUNG

A3 Werden alle Werte in einem Diagramm wiedergegeben, wird die Darstellung unübersichtlich, da die Werte für Sauerstoff und Stickstoff sehr dicht beieinander liegen und die Werte für Kohlenstoffdioxid deutlich höher sind.

Es kann entweder ein Liniendiagramm oder ein Säulendiagramm erstellt werden. Ein Liniendiagramm wäre einem Balkendiagramm vorzuziehen, da im Liniendiagramm für Sauerstoff und Stickstoff Linien nahe der Nulllinie sichtbar sind, während im Balkendiagramm die Balken für Stickstoff gar nicht und für Sauerstoff kaum erkennbar sind.

Liniendiagramm:

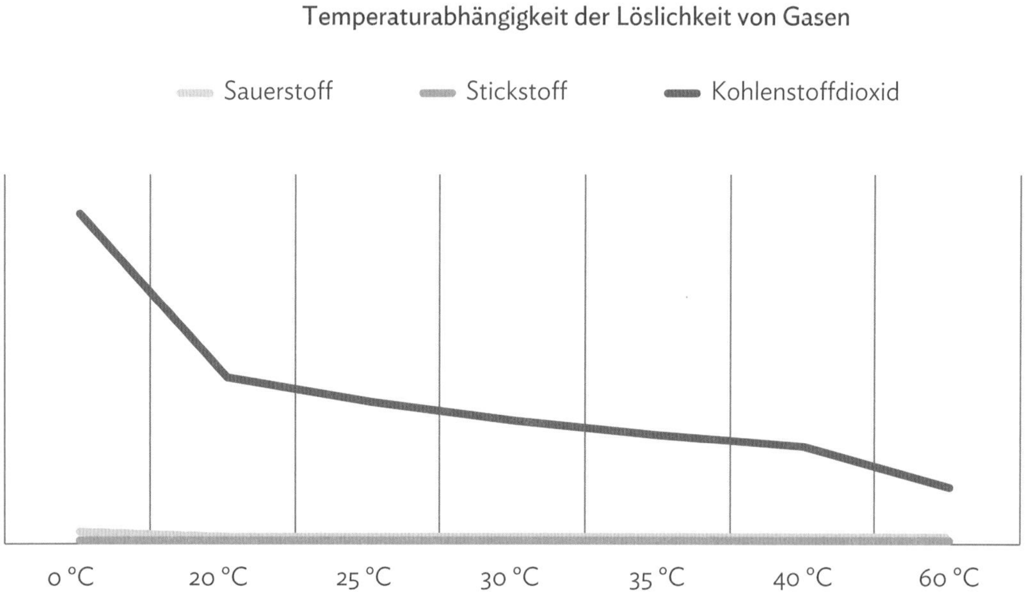

Balkendiagramm:

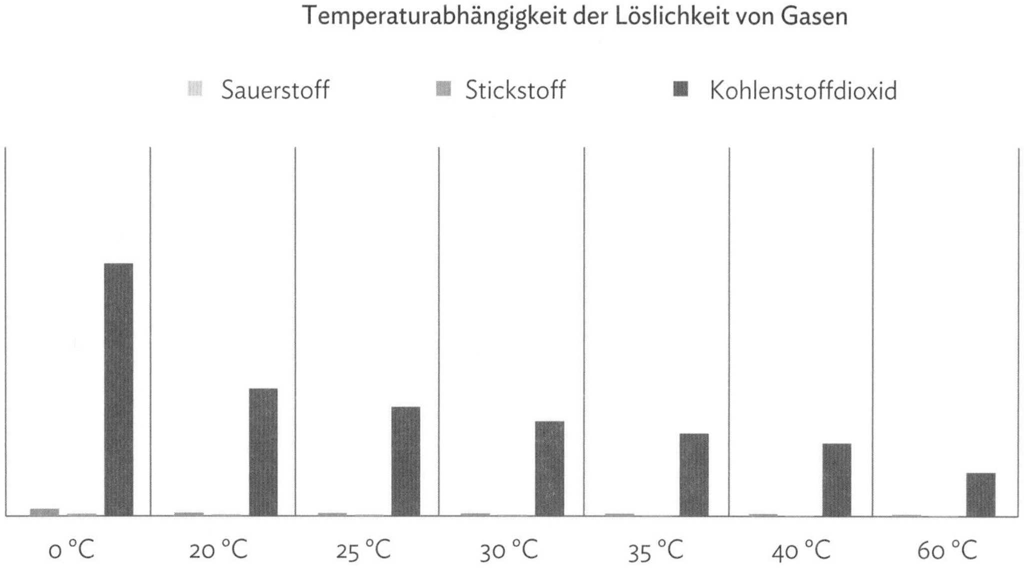

EXKURS > Salzwasser und Süßwasser – vom Überfluss zum Mangel

A AUFGABEN
Schulbuchseite 188

A1 Die Dichte von Salzwasser ist größer als die Dichte von Süßwasser, da im gleichen Wasservolumen im Fall von Salzwasser weitere Stoffe (Salze) mit einer eigenen Masse enthalten sind. Unter Salzwasser versteht man eine Salzlösung mit einem Massenanteil Salz von mindestens 1 %. Meerwasser hat einen Salzgehalt von durchschnittlich 3,5 %. Als Süßwasser bezeichnet man Wasser mit einem Salzgehalt unter 0,1 %.

A2 Der Pro-Kopf-Verbrauch an Trinkwasser in Deutschland beträgt ca. 121 L, in den liegt er bei USA ca. 295 L und in bei Bangladesch 24 L. Darin ist nicht eingerechnet, wie viel Wasser zur Herstellung von Lebensmitteln und Verbrauchsgütern benötigt wird.

A3 Offene Antworten.
Als Einsparmöglichkeiten von Trinkwasser im Alltag können z. B. genannt werden: Duschen statt Wannenbaden, kürzere Duschzeiten, Abschalten des Wassers während des Einseifens, Waschen voller Waschmaschinenladungen, Abwasch nicht bei laufendem Wasser erledigen, Verzicht auf Rasensprengen im Sommer oder auch Verzicht auf Fleisch oder Verzicht auf Wegwerfprodukte, deren Produktion viel Wasser verbraucht.
Hinweis: Interessante Materialien liefert die Website des Bundesministeriums für Umwelt, Naturschutz, Bau und Reaktorsicherheit (http://www.umwelt-im-unterricht.de/hintergrund/wasserbedarf-und-wasserfussabdruck/, Zugriff 31.8.16).

EXKURS > Hin und rück – umkehrbare Prozesse

A AUFGABEN

Schulbuchseite 189

A1 Beispiele für weitere physikalische Prozesse, die umkehrbar sind, sind Aggregatzustandsänderungen wie das Gefrieren und Schmelzen von Wasser, Mischungs- und Entmischungsprozesse wie das Lösen von Salz in Wasser und das anschließende Trennen durch Destillation oder Verdampfen.

A2 Auf die Stoffebene beziehen sich die ersten beiden Darstellungen, in denen auch die Aggregatzustände angegeben sind. Auf die Teilchenebene beziehen sich die unteren beiden Darstellungen, hier werden einzelne an der Reaktion beteiligte Moleküle abgebildet.

Darstellung	zu entnehmende Informationen
Wasserstoff (g) + Sauerstoff (g) $\underset{\text{Zerlegung}}{\overset{\text{Bildung}}{\rightleftarrows}}$ Wasser (l)	Namen und Aggregatzustände beteiligter Stoffe
$2\,H_2\,(g) + O_2\,(g) \underset{\text{Zerlegung}}{\overset{\text{Bildung}}{\rightleftarrows}} 2\,H_2O\,(l)$	Molekülformeln beteiligter Stoffe und Aggregatzustände der Stoffe, Zahlenverhältnisse beteiligter Teilchen
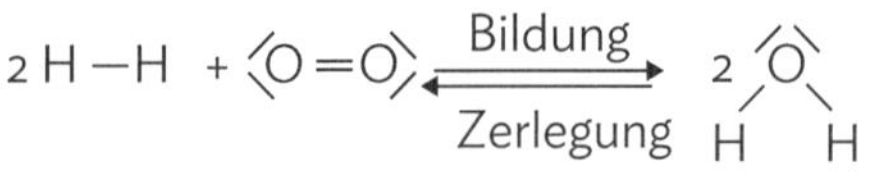	Anzahlen beteiligter Moleküle und Kennzeichnung vorhandener, nichtbindender Elektronenpaare
	Anzahlen beteiligter Moleküle

A3 Umkehrbar ist die chemische Reaktion a), bei der aus blauem Kupfer(II)-sulfat bei starkem Erwärmen weißes Kupfersulfat entsteht. Man kann sie rückgängig machen, indem man weißem Kupfersulfat etwas Wasser hinzufügt, dabei bildet sich wieder das blaue Kupfer(II)-sulfat. Reaktion b), bei der Eisen und Schwefel miteinander zu Eisen(II)-sulfid reagieren, ist nicht umkehrbar.

ZUM ÜBEN UND WEITERDENKEN

A AUFGABEN

Schulbuchseite 190, 191

A1 Auch heutzutage wird in der Alltagssprache oft vom „Element Wasser" gesprochen, diese Aussage ist aus chemischer Sicht aber falsch. Wasser ist eine chemische Verbindung, die aus den Elementen Wasserstoff und Sauerstoff durch chemische Reaktion gebildet werden kann.

A2 In der Waschflasche kann man nach einiger Zeit eine farblose Flüssigkeit erkennen. Bei der Verbrennung von Wasserstoff an der Luft entsteht Wasserdampf, der durch die Wasserstrahlpumpe in die Apparatur gezogen wird und unterstützt durch die Kühlung in der Waschflasche kondensiert. Bei der beobachteten, farblosen Flüssigkeit sollte es sich also um Wasser handeln. Es kann mit weißem Kupfersulfat oder mit Watesmo-Papier nachgewiesen werden. In Gegenwart von Wasser färben sich sowohl weißes Kupfersulfat als auch Watesmo-Papier blau.

A3 Das Elementsymbol H steht für Wasserstoff-Atome, das Elementsymbol O für Sauerstoff-Atome. Der Index 2 bezieht sich auf das voranstehende Elementsymbol und gibt an, dass in einem Wasser-Molekül zwei Wasserstoff-Atome enthalten sind. Die Molekülformel H_2O findet man im Alltag oft in Namen für Schwimmbäder, alltagssprachlich teils als Abkürzung für Wasser, als Name für eine Sportbekleidungsfirma etc. Der Bezug zum Wasser ist in allen Fällen gegeben.

A4 Energiediagramm für die Bildung von Wasser aus den Elementen Wasserstoff und Sauerstoff:

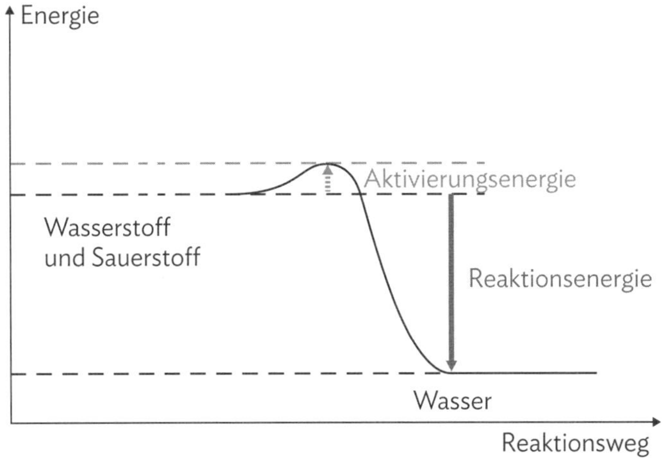

A5 In einem Wasser-Molekül können die Atome nicht in einer H-H-O-Kette miteinander verknüpft sein, da Wasserstoff-Atome maximal eine Bindung eingehen können. Aus dem PSE entnimmt man, dass Wasserstoff ein Element der Hauptgruppe I ist und ein Wasserstoff-Atom danach nur ein Valenzelektron hat. Über dieses kann es eine Elektronenpaarbindung ausbilden kann. Sauerstoff hingegen steht in der Hauptgruppe VI des Periodensystems, ein Sauerstoff-Atom hat somit sechs Valenzelektronen. Es kann daher zwei Elektronenpaarbindungen, hier zu je einem Wasserstoff-Atom, eingehen und hat zusätzlich zwei nichtbindende Elektronenpaare.

ZUM ÜBEN UND WEITERDENKEN

A6 a) Verbrennung von Schwefel an Luft: $S\ (s) + O_2\ (g) \longrightarrow SO_2\ (g)$

b) Bildung von Traubenzucker und Sauerstoff aus Kohlenstoffdioxid und Wasser:
$6\ CO_2\ (g) + 6\ H_2O\ (l) \longrightarrow C_6H_{12}O_6\ (s) + 3\ O_2\ (g)$

c) Zerfall von Wasserstoffperoxid zu Wasser und Sauerstoff: $2\ H_2O_2\ (l) \longrightarrow 2\ H_2O\ (l) + O_2\ (g)$

A7 a) In einem Methan-Molekül CH_4 ist ein Kohlenstoff-Atom über je eine Elektronenpaarbindung mit insgesamt vier Wasserstoff-Atomen verbunden.

b) LEWIS-Strukturformel des Methan-Moleküls:

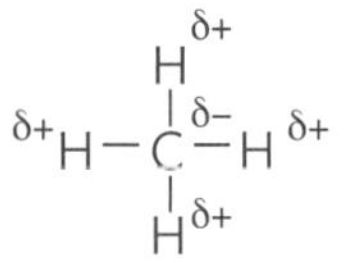

Die Elektronegativität von Wasserstoff-Atomen ist niedriger als die von Kohlenstoff-Atomen. Daher tragen die Wasserstoff-Atome eine positive und das Kohlenstoff-Atom hat eine negative Partialladung.

c) Verbrennung von Methan an der Luft zu Kohlenstoffdioxid und Wasser:
$CH_4\ (g) + 2\ O_2\ (g) \longrightarrow CO_2\ (g) + 2\ H_2O\ (l)$

A8

Darstellung	a) Titel	b) Aussagekraft / nicht dargestellt
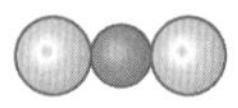	Kalottenmodell des Kohlenstoffdioxid-Moleküls	Die Anzahl und die Verknüpfung der einzelnen Atome sind erkennbar, die Größen der Atome sind angedeutet. Abgesehen von der Farbkodierung ist nicht erkennbar, welche Atome gebunden vorliegen.
O::C::O	Elektronenschreibweise	Eine Unterscheidung zwischen bindenden und nichtbindenden Elektronenpaaren ist möglich, die vorliegende Doppelbindung wird deutlich, ebenfalls sind die Zahl und Art der gebundenen Atome sowie die Verknüpfung der Atome miteinander erkennbar. Die Größe der Atome ist nicht wiedergegeben.
⟨O=C=O⟩	LEWIS-Strukturformel	Vgl. Elektronenschreibweise.
δ– δ+ δ– ⟨O=C=O⟩	Polaritäten im Kohlenstoffdioxid-Molekül	Zusätzlich zum oben genannten sind die Partialladungen im Molekül gekennzeichnet.

c) Darstellung des Wasser-Moleküls im Kalottenmodell, in der Elektronenschreibweise, in der LEWIS-Strukturformel und mit Kennzeichnung der Polaritäten:

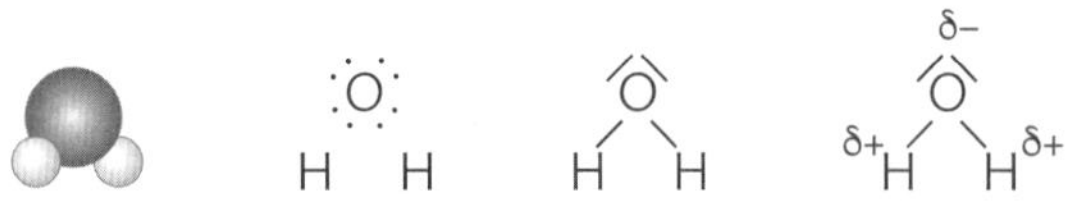

A9 Einen Strahl flüssigen Kohlenstoffdioxids kann man nicht wie einen Wasserstrahl ablenken, da Kohlenstoffdioxid kein polarer Stoff ist, da in Kohlenstoffdioxid-Molekülen die Ladung im Gegensatz zu Wasser-Molekülen symmetrisch verteilt ist. Kohlenstoffdioxid-Moleküle sind keine Dipol-Moleküle.

A10 Im Cartoon ist links ein Wasserstoff-Molekül visualisiert, in dem zwei Wasserstoff-Atome über eine Einfachbindung miteinander verknüpft sind (je eine Hand hält die andere fest). Der rechte Bildteil steht für ein Sauerstoff-Molekül, in dem zwei Sauerstoff-Atome über eine Doppelbindung miteinander verknüpft sind (je zwei Hände halten sich fest). In der Mitte ist ein Wasser-Molekül angedeutet, dass aus einem Sauerstoff-Atom (größere Figur in der Mitte) besteht, das über je eine polare Elektronenpaarbindung mit je einem Wasserstoff-Atom (kleinere Figur) verbunden ist. Die polare Bindung wird durch die gestreckten Arme angedeutet, die dafür stehen, dass ein Bindungspartner Elektronen anzieht. Im Gegensatz dazu steht die entspannt wirkende Armhaltung der Figuren in den beiden äußeren Bildteilen.

A11 Im linken Bild beträgt der Winkel zwischen den benachbarten Elektronenpaaren in der Ebene jeweils 90°, während sich zwischen den anderen Elektronenpaaren ein Winkel von 180° aufspannt.
Im rechten Bild betragen sämtliche Winkel 109°, alle Elektronenpaare haben identische Abstände zueinander. Damit ist die rechts abgebildete Struktur stabiler.

A12 Die tetraedrische Anordnung lässt sich im Ballon-Modell nicht verändern.
Der Zusammenhang zum Elektronenpaar-Abstoßungs-Modell besteht darin, dass die Ballons Elektronenpaare repräsentieren, die im Raum angeordnet sind. Die sich ergebende Anordnung ist wie beim Methan-Molekül tetraedrisch, da die vier Ballons einen größtmöglichen Abstand zueinander einnehmen.

A13

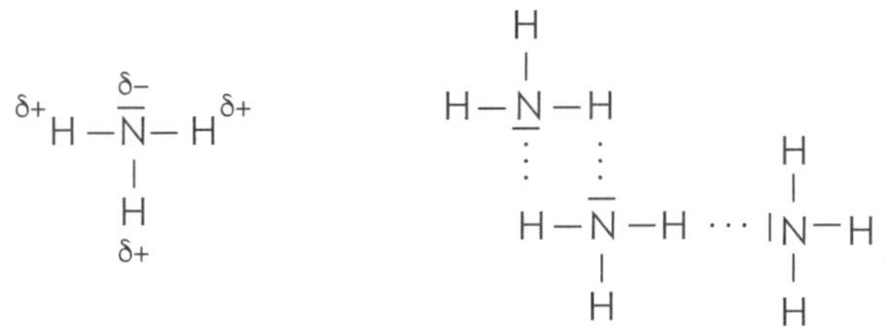

A14

Stoff	Molekülformel	Molekülmasse	Siedetemperatur
Monosilan	SiH_4	32,12 g/mol	-112,1 °C
Phosphorwasserstoff (Monophosphan)	PH_3	34,00 g/mol	-87,8 °C
Schwefelwasserstoff (Sulfan)	H_2S	34,08 g/mol	-60,2 °C
Chlorwasserstoff (Hydrogenchlorid)	HCl	36,46 g/mol	-85,0 °C

ZUM ÜBEN UND WEITERDENKEN

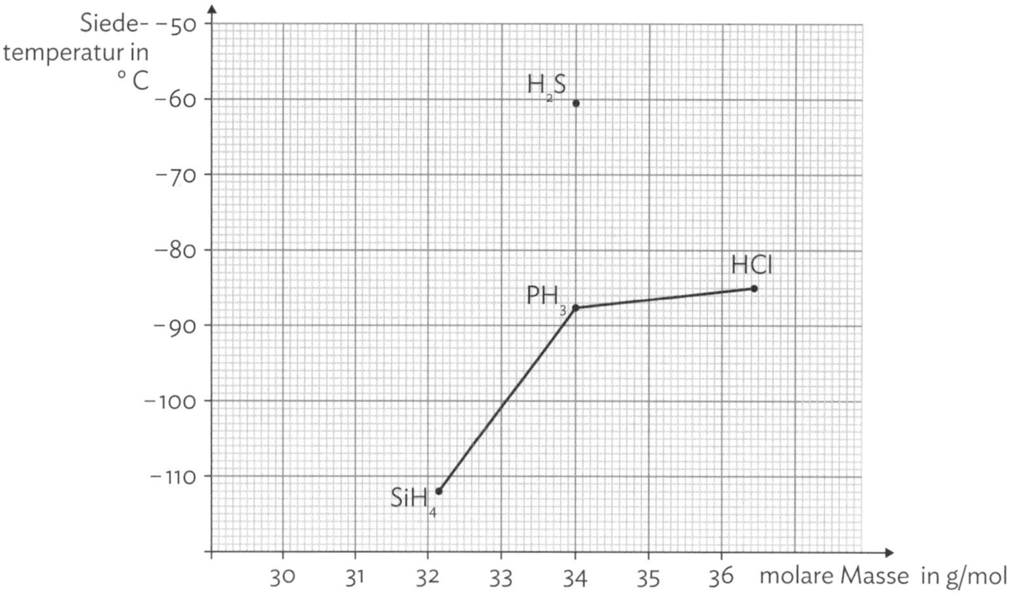

Aus dem Diagramm lässt sich ableiten, dass die Siedetemperaturen mit steigender molarer Masse höher werden. Schwefelwasserstoff sticht mit einer vergleichsweise besonders hohen Siedetemperatur heraus, was darauf zurückzuführen ist, dass Schwefelwasserstoff-Moleküle untereinander Wasserstoffbrückenbindungen ausbilden können. Für den Übergang in die Gasphase müssen diese erst überwunden werden, wofür entsprechend Energie aufgebracht werden muss. Ein ähnliches Phänomen wird deutlich, wenn man die Siedetemperaturen von Wasserstoffverbindungen der Elemente aus der Hauptgruppe VI in **B7** von Schulbuchseite 179 vergleicht. Man spricht von Siedepunktanomalie.
Die vergleichsweise niedrige Siedetemperatur von Silan lässt sich daraus ableiten, dass die Moleküle keine Dipole-Moleküle bilden und die Bindungen annähernd unpolar sind.

Hinweis: Die Info von Schulbuchseite 176 verweist lediglich auf die Elektronegativität und die partielle Polarisierung von Bindungspartnern. Es stellt sich die Frage, warum Chlorwasserstoff-Moleküle nicht ebenso wie Ammoniak-Moleküle Wasserstoffbrückenbindungen ausbilden können. Der Wert für die Elektronegativität von Stickstoff- und Chlor-Atomen ist identisch = 3. Hier spielen die Zahl der gebundenen Wasserstoff-Atome, die Bindungselektronen liefern, die Molekülgestalt (Bindungswinkel) und die Zahl der nichtbindenden Elektronenpaare am elektronegativeren Bindungspartner eine Rolle.
Die aus Diagrammen ablesbaren Siedepunktanomalien liefern einen Hinweis darauf, ob die Moleküle einer Verbindung Wasserstoffbrückenbindungen ausbilden oder nicht.

A15 Industrieabwässer müssen gekühlt werden, bevor sie in Flüsse geleitet werden, damit sie die Temperatur des Flusswassers nicht erhöhen. Mit einer Temperaturerhöhung geht eine Abnahme der Löslichkeit von Gasen (z. B. Sauerstoff) einher, was für Organismen im Wasser bedrohlich werden kann.

A16

a) Die große Menge von 40 Stück Würfelzucker kann man nicht im Limonadenglas sehen, da die Löslichkeit von Zucker sehr groß ist (2039 g Zucker pro kg Wasser bei 20 °C).

b) Die Massenkonzentration β von Zucker in Limonade ist:
m(Zucker)= 40 g · 3 g = 120 g
V(Lösung)= 1 L
β = 120 g / 1 L = 120 g/L. Die Massenkonzentration beträgt 120 g/L.

M1 Wasser – ein Oxid

Schulbuchseite 192, 193

A1 Im heißen Flintenlauf reagiert das Wasser mit dem Eisen. Durch das starke Aufheizen wird genügend Aktivierungsenergie für die Reaktion geliefert. Es entstehen Wasserstoffgas und Eisenoxid.

A2 Als Produkte bei der Reaktion von Wasserdampf und dem Eisen des Flintenlaufs entstehen Eisenoxid und Wasserstoff.
Wasser (g) + Eisen (s) ⟶ Wasserstoff (g) + Eisenoxid (s)

A3 Der Teil der Apparatur im links dargestellten Bildelement diente der Erzeugung von Wasserdampf. Der durch den Ofen stark erhitzte Flintenlauf war das Reaktionsrohr. Der Teil der Apparatur, der das spiralförmig gewundene Rohr enthält, wirkte als Kühler, in dem überschüssiger Wasserdampf kondensierte und Wasserstoffgas hindurchströmte. Das entstehende Wasser wurde in dem kleinen Gefäß am Fuße des Kühlers aufgefangen. Über ein gläsernes, gebogenes Rohr gelangte das Wasserstoffgas in die Glaswanne und konnte pneumatisch in einer Gasglocke aufgefangen werden.

A4 *Aufbau*:

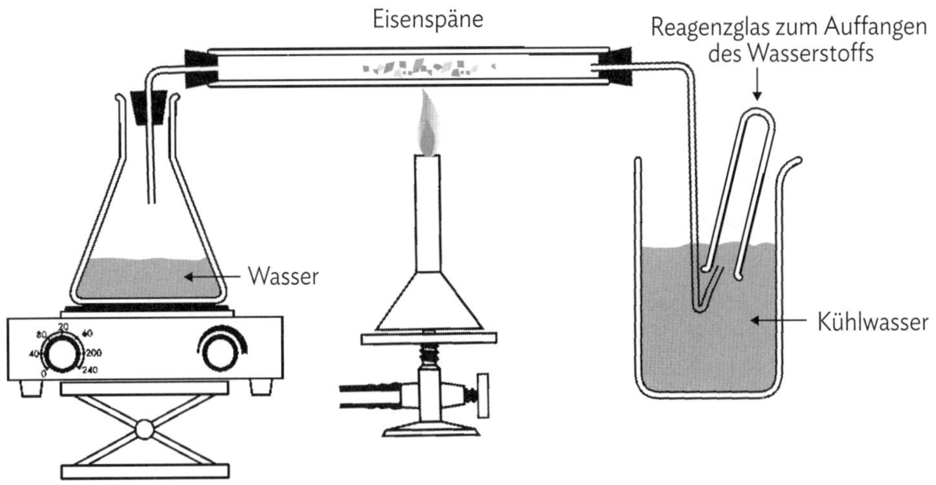

Versuchsvorschrift:
In einem Erlenmeyerkolben wird Wasser zum Sieden erhitzt. Sobald Wasserdampf durch das Verbrennungsrohr strömt, werden die Eisenspäne stark erhitzt. Wenn die Eisenspäne glühen und sich farblich verändern, wird das entstehende Gas mit dem Reagenzglas pneumatisch aufgefangen. Mit dem Gas wird anschließend die Knallgasprobe durchgeführt. Die Späne im Verbrennungsrohr werden nach dem Abkühlen genau betrachtet.

ZUM ÜBEN UND WEITERDENKEN

M2 Chemie international

Schulbuchseite 192, 193

Hinweis: Es sollte auf den modellhaften Charakter der Abbildungen hingewiesen werden.

A1 Die drei Abbildungen zeigen jeweils eine Balkenwaage, auf der unterschiedlich viele Moleküle im Kalottenmodell aufgelegt sind. Je nach Befüllung der Waagschalen schlägt die Waage unterschiedlich aus.

Abbildung	abgebildete Teilchen	Position der Waagschalen	Erklärung der Positionen der Waagschalen
a)	links: ein Wasserstoff-Molekül und ein Sauerstoff-Molekül rechts: ein Wasser-Molekül	links tiefer als rechts	Auf der linken Schale ist die Masse der abgebildeten Teilchen größer, da ein überzähliges Sauerstoff-Atom vorhanden ist.
b)	links: ein Wasserstoff-Molekül und ein Sauerstoff-Molekül rechts: zwei Wasser-Moleküle	rechts tiefer als links	Auf der rechten Schale ist die Masse der abgebildeten Teilchen größer, da zwei überzählige Wasserstoff-Atome vorhanden sind.
c)	links: zwei Wasserstoff-Moleküle und ein Sauerstoff-Molekül rechts: ein Wasser-Molekül	im Gleichgewicht	Auf beiden Waagschalen sind die Massen gleich, da die gleiche Anzahl von gleichen Teilchen enthalten sind.

A2 Der Bezug zum Aufstellen von Reaktionsgleichungen ist direkt gegeben, da die Befüllung der linken Waagschale die Zahl der Edukt-Teilchen und die Befüllung der rechten Waagschale die Zahl der Produkt-Teilchen veranschaulicht. Durch Zufügen von Teilchen (in der Gleichung von Multiplikatoren) wird die Atombilanz ausgeglichen.

A3 Obwohl das Bild aus einem russischen Schulbuch (kyrillische Schrift, russische Sprache) stammt, ermöglichen die Formeln und die im Kalottenmodell abgebildeten Moleküle das Verständnis.

A4 Der Stoffebene ist die Balkenwaage zuzuordnen, der Teilchenebene die Formeln und die im Kalottenmodell abgebildeten Moleküle.
Es liegt hier eine Mischung von Darstellungen auf Stoffebene und Teilchenebene vor. Mit den Schülerinnen und Schülern sollte auch thematisiert werden, dass es unmöglich ist, einzelne Moleküle auf einer Waage abzulegen und dass keine Balkenwaage in der Lage wäre, die abgebildete Anzahl von Teilchen zu wiegen. Insgesamt ist die Visualisierung aber hilfreich, da hier ein Bezug zur Regel geschaffen wird, dass man beim Ausgleichen von Reaktionsgleichungen nicht die Formeln, sondern nur die Multiplikatoren vor den Formeln ändern darf. Im Bild werden entsprechend immer einzelne Molekülverbände zusätzlich auf die Waagschalen aufgelegt, bis die Waagschalen im Gleichgewicht sind, die Atombilanz also stimmt.

M3 Die „übervolle Tonne" — Schulbuchseite 193

A1 Zwischen T = –150 °C und T = 0 °C nimmt die Dichte von Wasser von ρ(Eis, T = –150 °C) = 0,930 g/cm³ auf ρ(Eis, T = < 0 °C) = 0,918 g/cm³ ab. Bei T = 0 °C nimmt die Dichte dann schlagartig auf ρ(Eis, T = > 0 °C) = 1 g/cm³ zu, um dann mit steigender Temperatur wieder zu sinken.

A2 Bei steigender Außentemperatur wird das Eis schmelzen. Da die Dichte von flüssigem Wasser größer ist als die von Eis, wird sich das Volumen beim Schmelzen verringern und das Wasser der Tonne wird nicht überlaufen.

A3 Offene Antworten. Die Schülerzeichnungen sollten den Darstellungen in der Animation zur Dichteanomalie (unter Mediencode 05001-16) entsprechen. Für die Darstellung der Wasser-Moleküle im Eiskristall kann sich auch an **B6**, Schulbuchseite 178, orientiert werden.

A4 Da sich das Volumen von Wasser beim Gefrieren vergrößert, kommt es zu einem so starken Druck auf die Rohrwände, dass sie platzen können. Regentonne können aus demselben Grund Risse bekommen.

A5
a) Ein Eiswürfel schwimmt auf Wasser.
Da gefrorenes Wasser (Eis) eine geringere Dichte als flüssiges Wasser hat, schwimmt ein Eiswürfel auf Wasser.

b) Eine Pfütze friert im Winter von oben nach unten zu.
Das Wasser an der Oberfläche kühlt sich am schnellsten ab und gefriert. Aufgrund seiner geringeren Dichte verbleibt das entstehende Eis auf der Oberfläche und isoliert das darunter liegende Wasser.

c) Fische können in unteren Wasserschichten eines Sees den Winter überleben.
Da ein See ähnlich einer Pfütze von oben nach unten friert und da Wasser bei T = 4 °C seine größte Dichte hat, verbleibt unten am Seeboden flüssiges Wasser. Solange dort genügend gelöster Sauerstoff vorhanden ist, können Fische überleben.

M4 Reinigungsbenzin — Schulbuchseite 193

A1 Von Händen, die mit Reinigungsbenzin „verschmutzt" sind, lässt sich das Benzin nicht mit Wasser abwaschen.
Mögliche Fragestellungen: Wie lässt sich Reinigungsbenzin von den Händen abwaschen? Oder: Warum lässt sich Reinigungsbenzin schlecht von den Händen abwaschen?

A2 In einem Pentan-Molekül liegen unpolare Kohlenstoff-Kohlenstoff-Einfachbindungen vor, bei denen die Differenz der Elektronegativitätswerte ΔEN(C-C) = 0 ist. Außerdem liegen fast unpolare Kohlenstoff-Wasserstoff-Einfachbindungen vor, bei denen die Differenz der Elektronegativitätswerte ΔEN(C-H) = 0,4 ist. Daher ist das gesamte Molekül als unpolares Molekül zu charakterisieren.

A3 Zwischen unpolaren Pentan-Molekülen und polaren Wasser-Molekülen können sich keine zwischenmolekularen Wechselwirkungen (hier Wasserstoffbrückenbindungen oder Van-der-Waals-Kräfte) ausbilden. Infolgedessen kann keine Hydratisierung der Pentan-Moleküle stattfinden.
Für die Stoffebene folgt daraus, dass sich unpolares Pentan bzw. Benzin nicht in polarem Wasser löst.

VERSUCHE UND MATERIAL

V AUSWERTUNG

Schulbuchseite 202

V1
V2
V3

a)

Stoff / Lösung	elektrisch leitfähig	elektrisch nicht leitfähig
Kochsalzkristalle		x
Zuckerkristalle		x
destilliertes Wasser		x
wässrige Kochsalzlösung	x	
wässrige Zuckerlösung		x
Kaliumchlorid (fest)		x
Natriumiodid (fest)		x
Kupfer(II)-sulfat (fest)		x
Calciumchlorid (fest)		x
wässrige Kaliumchloridlösung	x	
wässrige Natriumiodidlösung	x	
wässrige Kupfer(II)-sulfatlösung	x	
wässrige Calciumchloridlösung	x	

b) **Natriumchlorid** Natrium Na: Hauptgruppe I; Chlor Cl: Hauptgruppe VII
Kaliumchlorid Kalium K: Hauptgruppe I; Chlor Cl: Hauptgruppe VII
Natriumiodid Natrium Na: Hauptgruppe I; Iod I: Hauptgruppe VII
Calciumchlorid Calcium Ca: Hauptgruppe II; Chlor Cl: Hauptgruppe VII

V AUSWERTUNG

Schulbuchseite 203

V4
LV5

a) Bei **V4** bildet sich am negativen Pol der Gleichspannungsquelle ein metallisch glänzender, silbergrauer Stoff und am positiven Pol sinken braune Schlieren ab. Bei **LV5** bildet sich am negativen Pol der Gleichspannungsquelle ein rotbrauner Stoff und am positiven Pol bilden sich Gasbläschen mit chlorähnlichem Geruch.

b) Eine chemische Reaktion ist durch das Auftreten von Stoff- und Energieumwandlungen gekennzeichnet. Sowohl bei **V4** als auch bei **LV5** wird elektrische Energie in Form von elektrischem Strom zugeführt und in chemische Energie umgewandelt. Bei beiden Versuchen sind Stoffumwandlungen beobachtbar (vgl. Auswertung a), es entstehen neue Stoffe mit anderen Eigenschaften.

c) Bei **V4** bilden sich Zink (metallisch glänzender Stoff am negativen Pol) und Jod (braune Schlieren am positiven Pol): Zinkiodid (aq) $\longrightarrow$ Zink (s) + Iod (s, aq)
Bei **LV5** bilden sich Kupfer (rotbrauner Stoff am negativen Pol) und Chlor (Gasblasen mit stechendem Geruch am positiven Pol): Kupfer(II)-chlorid (aq) $\longrightarrow$ Kupfer (s) + Chlor (g, aq)

ERARBEITUNG

A AUFGABEN

Schulbuchseite 205

A1 Leitungs- und Mineralwasser enthalten wesentlich mehr gelöste Stoffe, z. B. verschiedene Salze, als Regenwasser. Salze bilden in Wasser frei bewegliche geladene Teilchen, die Ionen, die für die elektrische Leitfähigkeit einer Lösung verantwortlich sind.

A2

Salz	Elemente
Natriumchlorid	Natrium; Chlor
Kaliumchlorid	Kalium; Chlor
Calciumchlorid	Calcium; Chlor
Zinkiodid	Zink; Iod
Kupfer(II)-chlorid	Kupfer; Chlor

Es fällt auf, dass die Salze jeweils aus Metall-Teilchen und Nichtmetall-Teilchen bestehen. Die Metalle, die den Metall-Teilchen in den Salzen der Versuche von Schulbuchseite 202, 203 entsprechen, stehen im PSE in der Hauptgruppe I (Natrium, Kalium) und II (Calcium) bzw. in der Nebengruppen I (Kupfer) und II (Zink). Die Nichtmetalle (Chlor, Iod) stehen in der Hauptgruppe VII.

A AUFGABEN

Schulbuchseite 207

A1

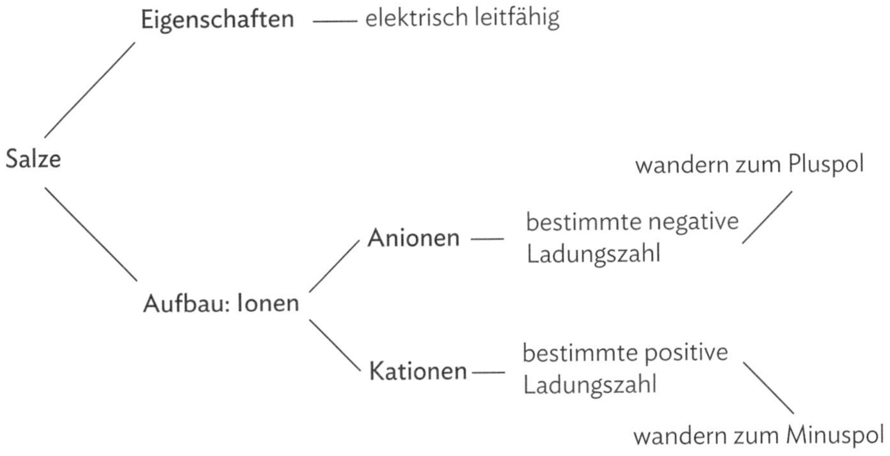

A2 ZnO: Zinkoxid; KF: Kaliumfluorid; $CaCl_2$: Calciumchlorid; CuS: Kupfer(II)-sulfid; Al_2O_3: Aluminiumoxid

A3 Da eine Zuckerlösung den elektrischen Strom nicht leitet, können die Teilchen in einer Zuckerlösung nicht geladenen sein, es liegen folglich keine Ionen in der Lösung vor.

VERSUCHE UND MATERIAL

V AUSWERTUNG

Schulbuchseite 208

V1

V2

a) Offene Antworten. Die Größen und Formen der Salzkristalle sind abhängig von der Wahl der Salze.

b) Offene Antworten. Auf Gemeinsamkeiten hinsichtlich der Kristallform (Oktaeder, Würfelform) und Unterschiede in der Kristallgröße sollte eingegangen werden.

c) Offene Antworten. Aus der Tabelle sollte ersichtlich werden, dass die Kristallformen auch bei Änderung der Kristallgrößen erhalten bleiben.

V AUSWERTUNG

Schulbuchseite 209

V3

a) Kupfer(II)-sulfat: himmelblaue, trikline Kristalle; große Kristalle
Magnesiumsulfat: farblose, rhombische Kristalle; kleine Kristalle
Kaliumaluminiumsulfat: farblose, oktaedrische Kristalle; mittelgroße Kristalle
Kaliumchrom(III)-sulfat: rotviolette, oktaedrische Kristalle; große Kristalle
Calciumcarbonat: gelbliche, trigonale und rhombische Kristalle; mittelgroße Kristalle
Natriumacetat: farblose, quadratische Nadelkristalle; große Kristalle
Kaliumnatriumtartrat: wasserhelle, rhombische Säulenkristalle; große Kristalle
Kaliumhexacyanoferrat(III): rubinrote, monokline Kristalle; große Kristalle

b) Ein Oktaeder ist ein regelmäßiger Körper, der aus zwei Pyramiden mit quadratischen Grundflächen, die sich an ihren Grundflächen berühren, besteht.
Das Oktaeder ist ein Achtflächner mit acht gleichseitigen Dreiecken als Flächen, zwölf gleich langen Kanten und sechs Ecken, in denen jeweils vier Flächen zusammentreffen.

c) Offene Antworten.

M AUSWERTUNG

Schulbuchseite 209

M1

a) *Unterschiede*: Natriumchloridkristalle sind würfelförmig und farblos.
Kaliumchrom(III)-sulfatkristalle sind oktaedrisch und rot-violett.
Gemeinsamkeit: Beide Kristallsorten sind klar und durchsichtig.

b) Offene Antworten. *Beispiele*:

Kristallart	Land	Größen- oder Massenangaben
Selenit	Mexiko	15 m Länge
Cullinan-Diamant	Südafrika	621,35 g
Saphir (Stern von Adam)	Sri Lanka	280,898 g
ungeschliffener Rubin	Myanmar	346,8 g
Topas	Brasilien	4,578 kg; so groß wie ein Handball
Aquamarin	Brasilien	2,076 kg; 36 cm Höhe, 10 cm Durchmesser
Amethyst	Uruguay	2,5 t; 3 m Breite und 10 cm Höhe

ERARBEITUNG

A AUFGABEN

Schulbuchseite 211

A1

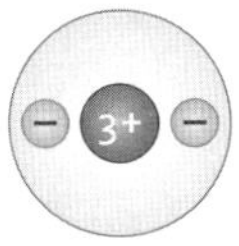

Lithium-Kation Li^{+}

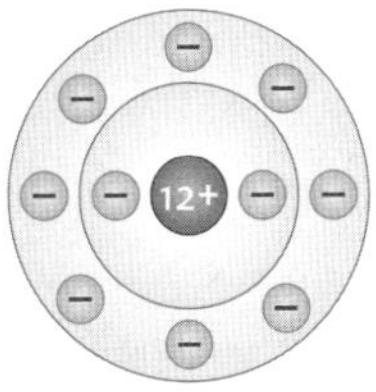

Magnesium-Kation Mg^{2+}

Fluorid-Anion F^{-}

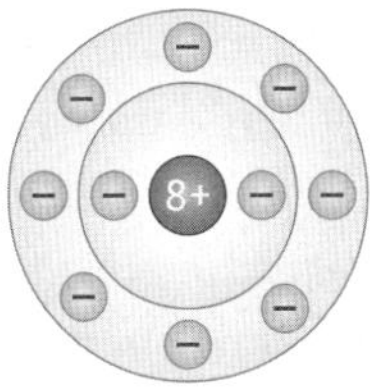

Oxid-Anion O^{2-}

A AUFGABEN

Schulbuchseite 213

A1

Hauptgruppe	Beispiel	Anzahl Schritte vor bzw. zurück	Formel des Ions
I	Natrium	1 Schritt zurück	Na^{+}
II	Calcium	2 Schritte zurück	Ca^{2+}
III	Aluminium	3 Schritte zurück	Al^{3+}
VI	Sauerstoff	2 Schritte vor	O^{2-}
VII	Chlor	1 Schritt vor	Cl^{-}

A2 Die korrekte Aussage ist: „Zwei Schritte zurückgehen entspricht der Abgabe von zwei Elektronen."

A3 Die Aussage ist falsch. Wenn das Chlor-Atom ein Elektron aufnimmt, bleibt die Protonenanzahl im Kern (17 Protonen) konstant. Das Chlor-Atom hat durch die Aufnahme eines Elektrons nun zwar die gleiche Elektronenkonfiguration wie das Argon-Atom, ist aber nicht zu einem Argon-Atom geworden, da ein solches 18 Protonen im Kern hat. Aus dem Chlor-Atom ist durch Aufnahme eines Elektrons ein Chlorid-Anion geworden.

ERARBEITUNG

A AUFGABEN

Schulbuchseite 215

A1 *Gittermodell*: In dem Gittermodell eines Salzes stellt man die Ionen als Kugeln dar. Dabei kann man gut erkennen, dass die Kationen von einer bestimmten Anzahl von Anionen umgeben sind und umgekehrt. Die Gitterstäbe sind zur Halterung der Kugeln, die die Ionen darstellen, notwendig.

Kugelpackungsmodell: Im dem Kugelpackungsmodell eines Salzes kann man den Größenunterschied der Anionen und Kationen erkennen. Nicht so gut wird deutlich, wie viele Kationen ein Anion umgeben und wie viele Anionen ein Kation umgeben.

A2

Name des Salzes	Kation	Anion	Verhältnisformel
Kaliumbromid	K^{+}	Br^{-}	KBr
Natriumsulfid	Na^{+}	S^{2-}	Na_2S
Aluminiumchlorid	Al^{3+}	Cl^{-}	$AlCl_3$
Calciumfluorid	Ca^{2+}	F^{-}	CaF_2

VERSUCHE UND MATERIAL

V AUSWERTUNG

Schulbuchseite 216

V1

V2

a)

Salz	beobachtete Flammenfärbung
Lithiumchlorid	karminrot
Natriumchlorid	gelb
Kaliumchlorid	blass violett
Magnesiumchlorid	keine Flammenfärbung
Calciumchlorid	rot-orange
Strontiumchlorid	rot
Aluminiumchlorid	keine Flammenfärbung

b) Die Metalle, die in Salzen gebunden sind, sind für die Färbung einer Flamme durch die Salze verantwortlich. Vergleicht man die Färbung einer Flamme durch ein unbekanntes Salz mit den bekannten Flammenfärbungen (vgl. z. B. Tabelle zu a) durch bestimmte Salze, lässt sich auf das im unbekannten Salz gebundene Metall schließen.

c) Magnesium und Aluminium lassen sich durch Flammenfärbung nicht identifizieren, da ihre Salze keine Flammenfärbung hervorrufen (vgl. Tabelle zu a).

Zu V2 a) und b): In Brezelsalz ist eine Natriumverbindung enthalten, in grünen Bengalhölzern eine Bariumverbindung und in roten Bengalhölzern eine Strontiumverbindung.

V AUSWERTUNG

Schulbuchseite 217

LV3

a) Lithium ist ein weicher, metallisch glänzender Feststoff, der an der Oberfläche nach kurzer Zeit matt wird.
Natrium ist ein weicher, metallisch glänzender Feststoff, der an der Oberfläche nach kurzer Zeit matt wird.
Magnesium ist ein silber-grauer Feststoff, der an einer frischen Schnittfläche metallisch glänzt.
Calcium ist ein dunkelgrauer, glänzender Feststoff.

b) Die Reaktion von Natrium mit Sauerstoff verläuft heftiger als die Reaktion von Lithium mit Sauerstoff. Lithium reagiert mit Sauerstoff ähnlich heftig wie Magnesium (Schrägbeziehung). Calcium reagiert heftiger mit Sauerstoff als Magnesium. Die Reaktion von Natrium mit Sauerstoff ist etwas heftiger als die von Calcium mit Sauerstoff.

c) Lithium (s) + Sauerstoff (g) ⟶ Lithiumoxid (s) | exotherm
Natrium (s)+ Sauerstoff (g) ⟶ Natriumperoxid (s) | exotherm

Hinweis: Die oben formulierte Reaktion läuft bei Sauerstoffüberschuss an der Luft ab.

Bei Sauerstoffmangel bildet sich Natriumoxid gemäß:
Natrium (s)+ Sauerstoff (g) ⟶ Natriumoxid (s) | exotherm

Magnesium (s) + Sauerstoff (g) ⟶ Magnesiumoxid (s) | exotherm
Calcium (s)+ Sauerstoff (g) ⟶ Calciumoxid (s) | exotherm

d) Die Färbung der Lösungen mit Indikator sowie die der Lauge ist blau. Daraus folgt, dass Alkali- und Erdalkalimetalloxide in Wasser wie eine Lauge (basisch) reagieren.

V

AUSWERTUNG

Schulbuchseite 217

LV4

LV5

V6

a) Bei den Reaktionen von Lithium, Natrium und Calcium mit Wasser ist jeweils die Entwicklung eines farblosen Gases an der Metalloberfläche zu beobachten. Die Reaktionsprodukte lösen sich. Die Indikatorlösungen zeigen in allen Fällen eine basische Lösung an.

b) Bei den Reaktionen der Alkalimetalle Lithium und Natrium sowie des Erdalkalimetalls Calcium mit Wasser bilden sich gelöstes Lithium-, Natrium- bzw. Calciumhydroxid sowie Wasserstoff. Der Wasserstoff lässt sich mit der Knallgasprobe nachweisen, bei der der Wasserstoff mit dem Sauerstoff der Luft zu Wasser verbrennt. Die Färbungen der Indikatorlösungen in **LV4** und **LV5** sind ein Hinweis auf die Bildung der entsprechenden Metallhydroxide.

c) Lithium (s) + Wasser (l) ⟶ Lithiumhydroxid (aq) + Wasserstoff (g) | exotherm
Natrium (s) + Wasser (l) ⟶ Natriumhydroxid (aq) + Wasserstoff (g) | exotherm
Calcium (s) + Wasser (l) ⟶ Calciumhydroxid (aq) + Wasserstoff (g) | exotherm

ERARBEITUNG

A AUFGABEN Schulbuchseite 219

A1 Petroleum bewirkt, dass die Alkalimetalle luftdicht verschlossen gelagert sind. Sie können unter Petroleum nicht mit (Luft)Sauerstoff reagieren und bilden daher keine passivierende Oxidschicht. Die Verwendung von Wasser als luftdichtes Lagerungsmittel ist nicht möglich, da die Alkalimetalle mit Wasser reagieren.

A2 Die im Text genannten Elemente Lithium, Natrium, Kalium, Rubidium, Caesium und Francium stehen in der Hauptgruppe I des PSE. Die Atome dieser Metalle verfügen also über ein Außen- bzw. Valenzelektron.
Die Elemente Beryllium, Magnesium, Calcium, Strontium, Barium und Radium stehen in der Hauptgruppe II des PSE. Die Atome dieser Metalle verfügen also über zwei Außen- bzw. Valenzelektronen.
Aluminium steht in der Hauptgruppe III, Zink in der Nebengruppe II, Titan in der Nebengruppe IV und Eisen in der Nebengruppe VIII.
Als „verwandte" Elemente lassen sich Elemente mit gleicher Valenzelektronenkonfiguration und damit ähnlichen chemischen Eigenschaften bezeichnen. Die Elemente Eisen und Aluminium sind also nicht verwandt, dagegen Lithium und Natrium bzw. Magnesium und Calcium.

A AUFGABEN Schulbuchseite 221

A1 Die Ordnungszahl und damit die Zahl der Protonen im Kern nimmt innerhalb der Hauptgruppe I vom Lithium zum Cäsium zu. Die Atommasse nimmt mit steigender Ordnungszahl zu.
Die Dichte bei 20 °C nimmt mit steigender Ordnungszahl zu. Alle Metalle haben niedrige Schmelztemperaturen, die Schmelztemperatur nimmt mit steigender Ordnungszahl ab. Alle Metalle reagieren mit Wasser unter Bildung von Wasserstoff. Die Heftigkeit der Reaktion mit Wasser nimmt mit steigender Ordnungszahl zu.
Die Verwendungen unterscheiden sich deutlich voneinander.

A2 Die Reaktivität der Alkalimetalle mit Wasser nimmt innerhalb der Hauptgruppe zu. Bereits Kalium entzündet sich sofort bei Wasserkontakt. Rubidium und Caesium reagieren explosionsartig. Das Sicherheitsrisiko bei der Durchführung der entsprechenden Reaktionen im Schulunterricht wäre zu hoch.

A3 Alkalimetall (s) + Wasser (l) $\longrightarrow$ Alkalimetallhydroxid (aq) + Wasserstoff (g) | exotherm
Die Elemente der Alkalimetalle reagieren mit Wasser unter Bildung des jeweiligen Alkalimetallhydroxids und Wasserstoff in einer exothermen Reaktion.

ERARBEITUNG

A AUFGABEN

Schulbuchseite 223

A1 Das Etikett spiegelt das Vorhandensein von elementarem Natrium vor, das nicht in dem Mineralwasser vorhanden ist. Die Aussage ist also falsch. Gemeint sind Natrium-Kationen.

A2 Calcium (s) + Wasser (l) ⟶ Calciumhydroxid (s, aq) + Wasserstoff (g) | exotherm

$Ca\ (s) + 2\ H_2O\ (l) \longrightarrow Ca(OH)_2\ (s, aq) + H_2(g)$ | exotherm

Calciumhydroxid (aq) + Kohlenstoffdioxid (g) ⟶ Calciumcarbonat (s) + Wasser (l)

$Ca(OH)_2\ (aq) + CO_2\ (g) \longrightarrow CaCO_3\ (s) + H_2O\ (l)$

A3 Offene Antworten.
Beispiele für Lebensmittel, die besonders viele Calciumverbindungen enthalten, sind Milch, Käse, Quark und Joghurt sowie Brokkoli, Grünkohl, sämtliche Kopfkohlarten und Chinakohl, Kernbohnen und Süßkartoffeln.

A4 Offene Antworten.
Übersicht analog zu der der Alkalimetalle, u.a. mit folgenden Punkten:

Periode 2, Hauptgruppe II: Beryllium, glänzendes, stahlgraues Metall, sehr spröde und hart, Schmelztemperatur = 1283 °C (Eigenschaften); Werkzeug aus Berylliumkupfer schlägt keine Funken (Verwendung).

Periode 3, Hauptgruppe II: Magnesium, silber-weißes, glänzendes und leichtes Metall, Schmelztemperatur = 649 °C (Eigenschaften); Handygehäuse (Verwendung).

Periode 4, Hauptgruppe II: Calcium, an der frischen Schnittfläche silbrig glänzendes Metall, Schmelztemperatur = 839 °C (Eigenschaften); Gips ist ein Calciumsalz (Verwendung).

Periode 5, Hauptgruppe II: Strontium, silberweißes, weiches und dehnbares Metall, Schmelztemperatur = 777 °C (Eigenschaften); Strontiumsalze sind purpurne Farbgeber bei Feuerwerken (Verwendung).

Periode 6, Hauptgruppe II: Barium, silber-weißes, glänzendes, sehr weiches Metall, Schmelztemperatur = 729 °C (Eigenschaften); als Gittermetall (Sauerstofffänger) in Vakuumröhren (Verwendung).

Periode 7, Hauptgruppe II: Radium, silber glänzendes, weiches, radioaktives Metall, Schmelztemperatur = 700 °C, (Eigenschaften); Anwendung in geringen Mengen in Leuchtfarben beim Militär (Verwendung).

ARBEITSMETHODE: Plakate gestalten – Informationen bündeln

A AUFGABEN

Schulbuchseite 225

A1 Offene Antworten.

A2 Offene Antworten.

VERSUCHE UND MATERIAL

V AUSWERTUNG

Schulbuchseite 226

LV1 LV2

a) Als Reaktionsprodukt entsteht ein gelbes Gas, bei dem es sich um Chlor handeln muss.
Chlorkalk (Calciumhypochlorit) und konzentrierte Salzsäure reagieren miteinander zu gasförmigem Chlor.

b) Tinte, Zeitungspapier und farbige Blüten werden entfärbt, sie bleichen aus. Auf Kaliumiodid-Stärke-Papier verursacht Chlorwasser eine Violettfärbung.

c) Zum Nachweis für in Wasser gelöstes Chlor kann man Kaliumiodid-Stärke-Papier in die Lösung halten. Wenn diese sich violett färbt, enthält sie Chlor (vgl. **LV2**).

V AUSWERTUNG

Schulbuchseite 227

LV3

a) Edukte: Natrium: silbrig glänzende, geschmolzene Metallkugel, Chlor: gelbes Gas
Produkt: Natriumchlorid: weiße Kristalle

b) In **LV3** ist aus den Edukten Chlorgas und metallisches Natrium ein weißer, kristalliner Feststoff (Natriumchlorid) entstanden, also ein neuer Stoff mit anderen Eigenschaften.
Es muss eine Stoffumwandlung stattgefunden haben. Dabei wurde Energie in Form von Licht und Wärme frei. Mit der Stoffumwandlung ging eine Energieumwandlung einher. Stoffumwandlung und Energieumwandlung sind die Kennzeichen einer chemischen Reaktion. Damit ist bei **LV3** eine chemische Reaktion abgelaufen.

c) Chlor (g) + Natrium (l) ⟶ Natriumchlorid (s)

d) Die Reaktion verläuft exotherm, da bei der Reaktion Energie in Form von Licht und Wärme frei wird.

e) Eine Möglichkeit, die elektrische Leitfähigkeit des Reaktionsprodukts in Wasser zu prüfen, besteht darin, zwei Eisennägel in die Salzlösung zu halten, ohne dass sich diese berühren. Die Nägel sind mit Krokodilklemmen und Kabeln an eine Batterie und eine Lampe angeschlossen (Reihenschaltung). Leuchtet die Lampe, fließt Strom und die Lösung ist elektrisch leitfähig.

f) Die untersuchten Stoffeigenschaften von Natriumchlorid sind Farbe, Form (Aggregatzustand), Wasserlöslichkeit und elektrische Leitfähigkeit.
Farbe: weiß
Form (Aggregatzustand): kristalliner Feststoff
Wasserlöslichkeit: gut wasserlöslich
Elektrische Leitfähigkeit: Die Lösung von Natriumchlorid in Wasser leitet den elektrischen Strom.

V AUSWERTUNG

Schulbuchseite 227

LV4
LV5

a) Chlor (g) + Magnesium (s) ⟶ Magnesiumchlorid (s)
Brom (g) + Zink (s) ⟶ Zinkbromid (s)

b) Die rotbraune Bromlösung entfärbt sich.
Die farblose Chlorwasserlösung erwärmt sich leicht.

c) In die Lösung kann ein Streifen Kaliumiodid-Stärke-Papier gehalten werden. Wenn dieser sich violett verfärbt, ist weiterhin Chlor in der Lösung enthalten, Chlorwasser liegt immer noch vor.

d) Die Reaktion von Natrium mit Chlorgas findet nicht in wässriger Lösung statt, weil Natrium sehr heftig unter Wasserstoffentwicklung mit Wasser reagieren würde. Stattdessen wird Chlorgas auf geschmolzenes Natrium geleitet. Magnesium und Zink können dagegen in die wässrigen Lösungen von Chlor bzw. Brom gegeben werden, denn diese Reaktionen verlaufen weniger heftig.

e) Eine Probe der wässrigen Lösungen wird jeweils in einer Abdampfschale unter dem Abzug eingedampft. Dabei verdampft das Wasser und die Produkte (Salze) Magnesiumchlorid und Zinkbromid werden ausgefällt und als Kristalle sichtbar.

5.4 Halogene: Elementfamilie der Salzbildner

ERARBEITUNG

A AUFGABEN — Schulbuchseite 229

A1 Der Atomradius der Elemente der Hauptgruppe VII nimmt von oben nach unten zu, weil jeweils eine Elektronenschale dazukommt. Dies wird durch die ansteigende Kugelgröße in den Kalottenmodellen für die Halogene von Fluor bis Iod verdeutlicht.

A2 „Iodsalz“ oder auch jodiertes Speisesalz ist ein mit Iodverbindungen angereichertes Speisesalz. Die Anreicherung von Speisesalz (Natriumchlorid) mit Iodverbindungen trägt dazu bei, die „jodarme“ Ernährung von Menschen auszugleichen und Jodmangelerkrankungen entgegenzuwirken. Pro Kilogramm Salz enthält „Iodsalz“ 15 bis 25 mg der Verbindungen Natrium- oder Kaliumiodat.

A3 *Mögliche Durchführung*: In einen Erlenmeyerkolben werden Iodkristalle gegeben. Der Erlenmeyerkolben wird mit einem Uhrglas bedeckt. Auf das Uhrglas kommt ein Eiswürfel. Der Erlenmeyerkolben wird mit sehr kleiner Bunsenbrennerflamme langsam erwärmt.
Beobachtungen: Iod beginnt zu sublimieren und der entstehende violette Ioddampf füllt den gesamten Kolben aus. Etwas Iod resublimiert an den Wänden des Kolbens, das meiste aber langsam an dem gekühlten Uhrglas. Dort bilden sich nadelförmige Iodkristalle.

A AUFGABEN — Schulbuchseite 231

A1 Chlor (g) + Magnesium (s) ⟶ Magnesiumchlorid (s)

$$Cl_2 + Mg \longrightarrow MgCl_2$$

A2

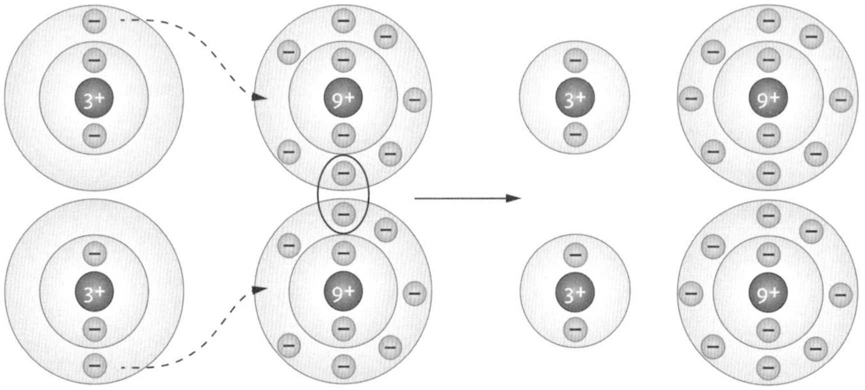

Lithium-Atome — Fluor-Atome — Lithium-Kationen und Fluorid-Anionen

A3 Aluminium-Kation Al^{3+} und Bromid-Anion Br^-

$$2\,Al + 3\,Br_2 \longrightarrow 2\,AlBr_3$$

ERARBEITUNG

A AUFGABEN

Schulbuchseite 233

A1

a) und **b)**

Lithiumiodid:	Ionenverbindung, LiI
Calciumfluorid:	Ionenverbindung, CaF_2
Chlorwasserstoff:	polare Elektronenpaarbindung, HCl
Bariumchlorid:	Ionenverbindung, $BaCl_2$
Aluminiumchlorid:	Ionenverbindung, $AlCl_3$
Siliciumchlorid:	polare Elektronenpaarbindung, $SiCl_4$
Bromwasserstoff:	polare Elektronenpaarbindung, HBr

A2

Karies wird auch Zahnfäule genannt. Sie entsteht, wenn Stoffwechselprodukte von bestimmten Bakterien den Zahnschmelz angreifen und dadurch den Zahn beschädigen. Dies kann passieren, wenn sich zu viel Zahnbelag bildet. Er besteht unter anderem aus Nahrungsresten und Speichelbestandteilen. Bakterien, die im Mund vorkommen, siedeln sich auf dem Zahnbelag an und bilden einen fest haftenden Biofilm, die sogenannte Plaque.

Natriumfluorid wird in den Zahnschmelz eingebaut. Das härtet den Zahn und macht ihn widerstandsfähiger gegen Säuren. Diese Säuren werden von Bakterien im Mund und vor allem auf den Zahnbelägen gebildet. Außerdem wird vermutet, dass Natriumfluorid den Bakterien selbst die Säurebildung erschwert.

A3

Offene Antworten.

FACHMETHODE: Reaktionen auf Stoffebene, Teilchenebene und durch Formelsprache beschreiben

A AUFGABEN

Schulbuchseite 235

A1

a) Die Elektronenpaarbindung in den Chlor-Molekülen wird aufgespalten.
Teilchenebene: Die Elektronenpaarbindung ist eine Modellvorstellung vom Zusammenhalt zweier Teilchen. Chlor-Moleküle sind Teilchen aus zwei Atomen.

b) Es ist eine starke Licht- und Wärmeentwicklung zu beobachten.
Stoffebene: Es werden Beobachtungen eines Phänomens (Energieänderungen) bei der Durchführung eines Experiments beschrieben.

c) Es liegen Natrium-Kationen und Chlorid-Anionen im Ionengitter vor, außerdem noch einige Natrium-Atome.
Teilchenebene: Es werden Teilchen (Kationen, Anionen) eines Modells (Ionengitter) sowie Atome genannt.

d) Die grüne Farbe von Chlorgas verschwindet sehr schnell, wenn man Chlorgas in das Reagenzglas mit Natrium leitet.
Stoffebene: Es werden Beobachtungen eines Phänomens (Farbveränderungen) bei der Durchführung eines Experiments beschrieben.

e) Zu Beginn des Erwärmens sind die Natrium-Atome dicht gepackt angeordnet.
Teilchenebene: Es werden Teilchen (Atome) beschrieben, wie sie in den Edukten vorliegen.

A2

1. Zu Beginn des Erwärmens sind die Natrium-Atome dicht gepackt angeordnet.
2. Natrium-Atome bewegen sich ungeordnet.
3. Einzelne Natrium-Atome und Chlor-Moleküle liegen vor.
4. Die Elektronenpaarbindung in den Chlor-Molekülen ist aufgespalten.
5. Nachdem die Chlor-Moleküle in Chlor-Atome gespalten sind, kommt es zu einer Elektronenübertragung von Natrium-Atomen auf Chlor-Atome. Es bilden sich Ionen, Natrium-Kationen Na^+ und Chlorid-Anionen Cl^-.
6. und 7. Nach der Ionenbildung durch Elektronenübertragung ziehen sich die entgegengesetzt geladenen Natrium-Kationen Na^+ und Chlorid-Anionen Cl^- an.
8. Aus den Natrium-Kationen Na^+ und Chlorid-Anionen Cl^- bildet sich ein Ionengitter.

A3

Teilchenebene: Im Chlor-Molekül sind die Atome durch eine Elektronenpaarbindung verbunden.

VERSUCHE UND MATERIAL

V AUSWERTUNG

Schulbuchseite 236

V1

V2

a) und **b)** Eine Untersuchung des Salzgehalts in den verschiedenen Wasserproben kann durch Eindampfen der Wässer bzw. Lösungen auf Uhrgläsern (qualitativ) erfolgen.

	Beobachtungen nach dem Eindampfen der Wässer bzw. Lösungen (qualitativ)
Mineralwasser; Leitungswasser	Die Menge an Feststoff ist bei den verschiedenen, eingesetzten Mineral- und Leitungswasserproben unterschiedlich groß. Je mehr Ionen das Mineralwasser enthält (je höher der Salzgehalt eines Mineralwassers ist, vgl. Angaben auf den Etiketten der verschiedenen Wassersorten) bzw. je „härter" das Leitungswasser ist, desto größer ist der Rückstand auf einem Uhrglas. Mineral- und Leitungswasser sind Stoffgemische (Lösungen).
destilliertes Wasser	Bei destilliertem Wasser bleibt kein Rückstand auf dem Uhrglas zurück. Destilliertes Wasser ist ein Reinstoff.

c) Untersuchung der Proben durch Messen der elektrischen Leitfähigkeit (quantitativ)

	Untersuchung der elektrischen Leitfähigkeit (quantitativ)	Vergleich der qualitativen und quantitativen Untersuchungen
Mineralwasser; Leitungswasser	Alle Mineralwasser- und Leitungswasserproben sind elektrisch leitfähig. Die Leitfähigkeit einer Probe ist umso größer, je mehr Ionen das Mineralwasser enthält (je höher der Salzgehalt eines Mineralwassers ist, vgl. Angaben auf den Etiketten der verschiedenen Wassersorten) bzw. je „härter" das Leitungswasser ist.	Alle Mineralwasser- und Leitungswasserproben sind elektrisch leitfähig und nach dem Eindampfen verbleiben Rückstände auf den Uhrgläsern. Mineral- und Leitungswässer müssen Ionen, also gelöste Salze, enthalten. Die unterschiedliche Stärke der elektrischen Leitfähigkeit bzw. Menge des Rückstands ist mit der Menge an Ionen bzw. gelösten Salzen in einer Probe zu erklären: Je mehr gelöste Salze ein Wasser enthält (vgl. Angaben auf dem Etikett bzw. zur Wasserhärte), desto höher ist die Anzahl an Ionen, die für die elektrische Leitfähigkeit in Lösungen verantwortlich sind, und desto größer ist die Menge an Feststoff (Salz), die ausfällt.
destilliertes Wasser	Die Leitfähigkeit ist nahezu null (in Abhängigkeit vom Messgerät).	Bei destilliertem Wasser bleibt kein Rückstand auf dem Uhrglas zurück, es sind demzufolge keine gelösten Teilchen vorhanden. Die Leitfähigkeit (muss) ist nahezu null (sein).
Fazit	Der Reinstoff Wasser leitet den elektrischen Strom nicht (kaum). Lösungen wie Leitungs- und Mineralwasser leiten aufgrund frei beweglicher Ionen gelöster Salze den elektrischen Strom.	

V AUSWERTUNG

Schulbuchseite 237

V3

V4

a) Erwärmen des Wassers beim Lösen: wasserfreies Calciumchlorid, wasserfreies Kupfer(II)-sulfat
Keine Temperaturänderung beim Lösen: Natriumchlorid
Abkühlen des Wassers beim Lösen: Ammoniumchlorid, Ammoniumnitrat, Kaliumnitrat, Calciumchlorid-Hexahydrat, Kupfersulfat-Pentahydrat
Hinweis: Die Temperaturunterschiede sind teilweise sehr gering, sodass sie mit der Hand mitunter nicht richtig wahrgenommen werden.

b) Bei einer quantitativen Untersuchung ist es notwendig, dass alle Parameter bis auf den zu untersuchenden für alle Proben gleich sind. Daher müssen hier bei der Untersuchung der Temperaturänderung beim Lösen eines Salzes, immer das gleiche Volumen des Lösungsmittels Wasser sowie die gleiche Masse eines Salzes eingesetzt werden.

c) Ist die Gitterenergie kleiner als die Hydratationsenergie, dann wird beim Lösevorgang Wärme freigesetzt, die Lösungswärme (vgl. **B4**, Schulbuchseite 239). Ist die Gitterenergie größer als die Hydratationsenergie, ist der Lösevorgang endotherm. Es wird also Energie benötigt, um die Ionen aus dem Kristall zu lösen und zu hydratisieren, die Lösungskälte. Die Ermittlung von Lösungswärme und Lösungskälte lässt sich indirekt über die Temperaturänderung bei den Lösungsvorgängen ermitteln.
Vorschlag für die Definitionen von Lösungskälte und Lösungswärme:
Kühlt sich ein Lösungsmittel beim Lösen eines Salzes ab, spricht man von Lösungskälte. Erwärmt sich ein Lösungsmittel beim Lösen eines Salzes spricht man von Lösungswärme.

V AUSWERTUNG

Schulbuchseite 237

V5

a) Durch das Knicken des Metallplättchens werden in der Salzlösung Kristalle gebildet. Dabei wird Energie abgegeben (der Handwärmer wird warm). Beim Regenerieren des Handwärmers wird Energie zugeführt, z. B. indem man den Handwärmer in heißes Wasser legt, und die Salzlösung bildet sich zurück.

b) Beim Erhitzen im Wasserbad wird die zuvor als Lösungswärme abgegebene Energie wieder zugeführt: Bei der Kristallisation des Salzes im Taschenwärmer wird Wärme frei, es handelt sich um eine exotherme Reaktion. Für das Lösen des Salzes im Taschenwärmer wird Energie in Form von Wärme benötigt, diese Reaktion ist endotherm.

c) *Korrekte Vorschrift für ein quantitatives Vorgehen:*
20 g Natriumacetat-Trihydrat werden unter Rühren mit 2 mL Wasser auf T = 60 °C bis zur Schmelze des Natrium-Trihydrats erhitzt. Danach wird die Lösung auf Raumtemperatur abgekühlt. Mit einem Impfkristall wird die spontane Kristallisation ausgelöst und die Temperatur und die Zeit werden gemessen.
Mögliche Schülervorschrift:
Der Inhalt des Taschenwärmers wird entnommen und in ein Becherglas gegeben. Der Salzbrei wird auf T = 60 °C erhitzt und die Lösung wird in Ruhe abkühlen gelassen. Dann wird die Kristallisation ausgelöst (Metallplättchen, Impfkristall) und die Temperatur und die Zeit bis zur vollständigen Kristallisation werden gemessen.

ERARBEITUNG

A AUFGABEN

Schulbuchseite 239

A1

Natriumchlorid	$NaCl$
Natriumhydrogencarbonat	$NaHCO_3$
Magnesiumsulfat	Na_2SO_4
Magnesiumchlorid	$MgCl_2$
Kaliumsulfat	K_2SO_4
Calciumchlorid	$CaCl_2$

A2 Das edelste und teuerste Meersalz ist das sogenannte „Fleur de Sel“ („Blume des Salzes“ oder auch „Königin der Salze“). Noch heute wird es von Salzbauern in reiner Handarbeit gewonnen. Die Salzbauern lassen Meerwasser in die Salzgärten. Durch die Sonneneinstrahlung verdunstet das Wasser und die Salzkonzentration in den Salzbecken steigt. An heißen und windigen Tagen entstehen durch die Verdunstung des Meerwassers an der Wasseroberfläche kleine Salzblumen, daher „Fleur de Sel“ („Flor de Sal“), die dann mit einer Holzkelle per Hand abgeschöpft werden und nach dem Trocknen unbehandelt in den Handel kommen.

A3

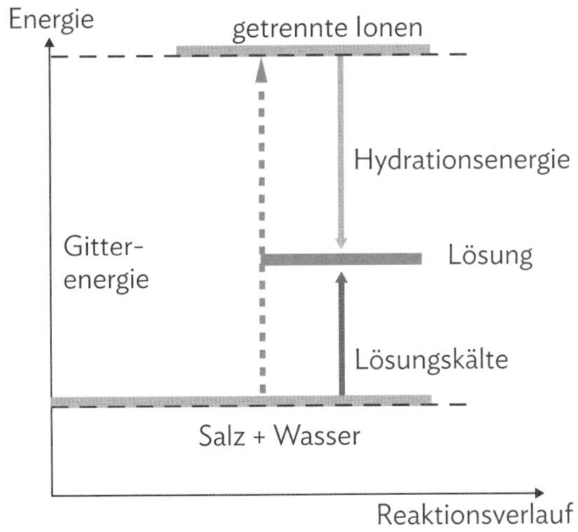

FACHMETHODE: Kristalle züchten

A AUFGABEN

Schulbuchseite 241

A1 Offene Antworten.

A2 Offene Antworten.

A3 Offene Antworten.

EXKURS > Salz und Gesundheit

A **AUFGABEN** Schulbuchseite 242

A1 Speisesalz (Natriumchlorid) spielt eine Rolle bei der Aufnahme von Nährstoffen, beim Knochenaufbau, der Erregung von Nerven und Muskeln. Zudem beeinflusst es den Wasserhaushalt des Körpers.

A2 Beim Trinken von Salzwasser nimmt der menschliche Körper eine große Menge Salz auf. Wird die Salzkonzentration im Körper zu hoch, wird überschüssiges Salz über den Urin verstärkt ausgeschieden, was mit einem Flüssigkeitsverlust in den Zellen verbunden ist. Dabei schrumpfen die Zellen und lebenswichtige Körperfunktionen können nicht mehr aufrecht erhalten werden.

A3 *Hinweis*: Die Aufgabenstellung wird geändert in: Recherchiere den Salzgehalt in einer Menge von 100 g Salzstangen. Beurteile diesen „Imbiss".
Mögliche Antwort: In 100 g Salzstangen sind ca. 4,5 g Speisesalz (Natriumchlorid) enthalten. Mit 100 g Salzstangen nähme man danach bereits einen Großteil der empfohlenen Tagesmenge (6 g) Natriumchlorid zu sich. Nach diesem „Imbiss" sollte man aufpassen, mit weiteren Speisen nicht mehr zu viel Speisesalz zu sich zu nehmen.

A4 Zersetzungsprozesse von Lebensmitteln werden u.a. durch Bakterien und Pilze hervorgerufen. Natriumchlorid entzieht den Zellen der Organismen über den Vorgang der Osmose das Wasser, wodurch diese absterben und der Zersetzungsprozess verlangsamt wird, das Lebensmittel wird konserviert.

EXKURS > Lebensretter – isotonische Kochsalzlösung

A **AUFGABEN** Schulbuchseite 243

A1 Eine isotonische, richtiger isoionische Kochsalzlösung enthält genauso viel gelöstes Natriumchlorid wie das Blut. Mit ihr kann das osmotische Gleichgewicht im Körper vorübergehend aufrecht halten werden. Eine Blutkonserve kann dagegen alle Funktionen des Blutes übernehmen, da sie Blutplasma und damit auch die gelösten Eiweiße, Nährstoffe, Vitamine und Hormone enthält.

A2 Da Blutkonserven nur schwierig zu lagern sind und sich das Blut von Mensch zu Mensch voneinander unterscheidet, ist die Möglichkeit einer Bluttransfusion am Unfallort stark eingeschränkt. Zur Erstversorgung werden isotonische (isoionische) Kochsalzlösungen verwendet, durch die zumindest lebenswichtige Funktionen über einen gewissen Zeitraum aufrecht erhalten werden können. Würde reines Wasser verwendet, würde Wasser über den Vorgang der Osmose in die Zellen aufgenommen, was zum Platzen der Zellen führen würde.

A3 Die Salzkonzentration der isotonischen Kochsalzlösung muss der des Blutes entsprechen, damit ein isotonischer Zustand erreicht werden kann.

ZUM ÜBEN UND WEITERDENKEN

A AUFGABEN

Schulbuchseite 244, 245

A1

a) Kupferchlorid (s) ⟶ Kupfer (s) + Chlor (g)

b) Am Pluspol bildet sich Chlor Cl_2 aus den Chlorid-Anionen und am Minuspol bildet sich Kupfer Cu aus den Kupfer-Ionen der Kupferchloridlösung.
Chlor-Moleküle Cl_2 sind zweiatomige Moleküle, sie entstehen hier am Pluspol durch die Abgabe von je einem Elektron aus zwei einfach negativ geladenen Chlorid-Anionen Cl^-. Am Minuspol nehmen Kupfer-Ionen entsprechend je zwei Elektronen auf und bilden Kupfer-Atome. Die Kupfer-Ionen müssen daher zweifach positiv geladene Kupfer-Kationen Cu^{2+} sein.

A2

Gemeinsame Stoffeigenschaften von Salzen: Salze sind kristalline, spröde Feststoffe; die Schmelzen und wässrigen Lösungen von Salzen leiten den elektrischen Strom; Salze haben in der Regel hohe Siede- und Schmelztemperaturen.

A3

a) Elektronenschalenmodell eines Kalium-Kations K^+ (links) und ein Bromid-Anions Br^- (rechts)

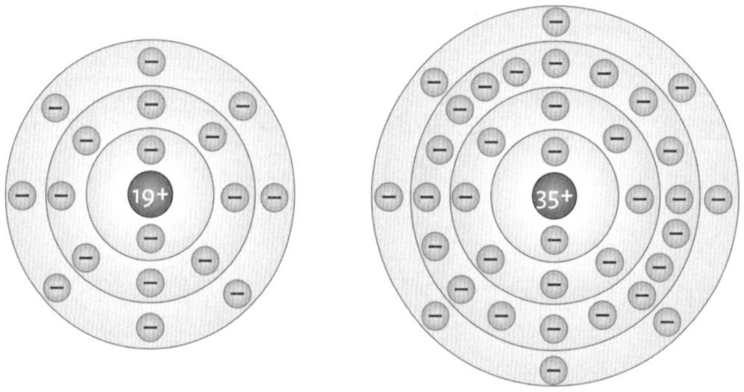

K^+ Br^-

b) Verhältnisformel von Kaliumbromid: KBr

A4

Manganchlorid $MnCl_2$: Eine Verbindung ist nach außen hin ungeladen. Chlorid-Anionen Cl^- sind einfach negativ geladen. Die Verhältnisformel des Salzes Manganchlorid zeigt, dass in der Ionenverbindung zwei Chlorid-Anionen und ein Mangan-Ion enthalten sind. Danach muss das Mangan-Ion zweifach positiv geladen sein, es ist ein Mangan-Kation Mn^{2+}.

Chromoxid Cr_2O_3: Eine Verbindung ist nach außen hin ungeladen. Oxid-Anionen O^{2-} sind zweifach negativ geladen. Die Verhältnisformel des Salzes Chromoxid zeigt, dass in der Ionenverbindung drei Oxid-Anionen mit je zwei negativen Ladungen und zwei Chromium-Ionen enthalten sind. Danach muss ein Chromium-Ion dreifach positiv geladen sein, es ist ein Chromium-Kation Cr^{3+}.

A5

a) Schwefel-Ionen: Hauptgruppe Schwefel: V; Schrittanzahl: 2 Schritte vor; Ladungszahl: 2-; Schwefel-Anion S^{2-}

Strontium-Ionen: Hauptgruppe Strontium: II; Schrittanzahl: 2 Schritte zurück; Ladungszahl: 2+; Strontium-Kation S^{2+}

Aluminium-Ionen: Hauptgruppe Aluminium: III; Schrittanzahl: 3 Schritte zurück; Ladungszahl: 3+; Aluminium-Kation Al^{3+}

b) Elektonenschalenmodell des Schwefel-Anions S^{2-}, es wird die Edelgaskonfiguration von Argon Ar erreicht:

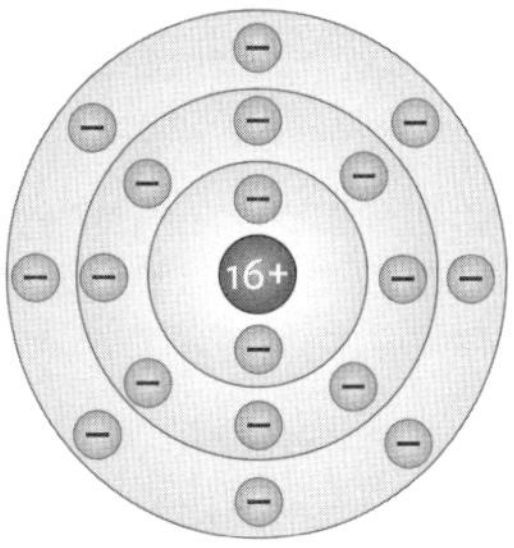

Die Elektronenkonfiguration des Schwefel-Anions S^{2-} entspricht der Edelgaskonfiguration des Argon-Atoms Ar.

A6

a) Bromid-Anion Br^-: grüne, größere Kugeln
Magnesium-Kation Mg^{2+}: graue, kleinere Kugeln

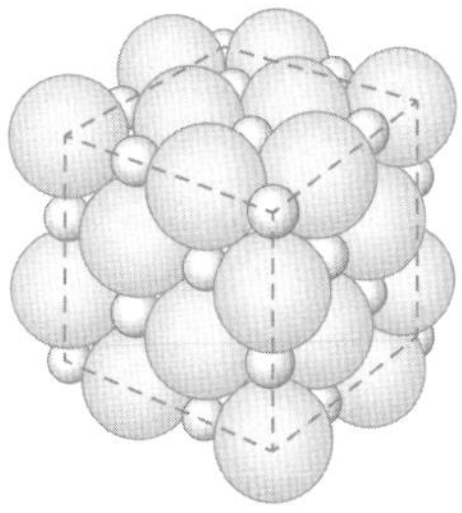

b) Beim Magnesium-Kation Mg^{2+} sind die verbleibenden Elektronen auf zwei Schalen verteilt. Beim Bromid-Anion Br^- sind die Elektronen auf vier Schalen verteilt, demzufolge ist das Bromid-Anion größer.

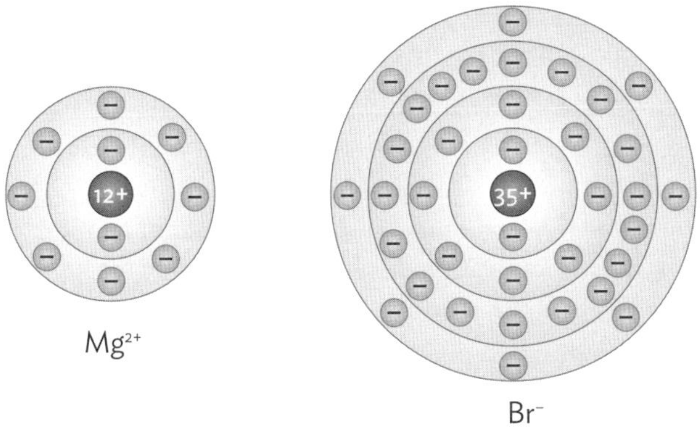

A7

Übt man auf Salzkristalle einen Druck aus, zerspringen sie in kleinere Kristalle. Beim Zerkleinern von Salzen geraten gleich geladene Ionen nebeneinander. Es bilden sich Abstoßungskräfte.

ZUM ÜBEN UND WEITERDENKEN

A8

Trivialname	Name des Salzes	Verhältnisformel	Ionen
Anhydrit	Calciumsulfat	$CaSO_4$	Ca^{2+}, SO_4^{2-}
Fluorit	Calciumfluorid	CaF_2	Ca^{2+}, F^-
Sylvin	Kaliumchlorid	KCl	K^+; Cl^-
Calcit	Calciumcarbonat	$CaCO_3$	Ca^{2+}; CO_3^{2-}
Gips	Calciumsulfat	$CaSO_4 \cdot 2\,H_2O$	Ca^{2+}; SO_4^{2-}

A9 Die elektrischen Ladungen von Ionen wirken in alle Richtungen des Raums. In einem Salzkristall ist ein Kation immer von mehreren Anionen umgeben. Umgekehrt ist ein Anion immer von mehreren Kationen umgeben. Die Teilchen sind entgegengesetzt geladen. Die gegenseitigen elektrischen Anziehungskräfte zwischen Kationen und Anionen in einem Salzkristall bewirken die Ionenbindung.

A10 Im linken Reagenzglas, bei der Reaktion von Lithium mit Wasser, ist eine heftigere Reaktion zu beobachten als im rechten Reagenzglas, bei der Reaktion von Calcium mit Wasser. Lithium gehört zu den Alkalimetallen. Diese reagieren mit Wasser heftiger unter Bildung von Wasserstoff als Erdalkalimetalle, zu denen Calcium gehört.

A11 Mit den drei Salzen kann jeweils die Flammenprobe durchgeführt werden.
Natriumbromid: gelbe Flammfärbung
Strontiumchlorid: intensiv rote Flammfärbung
Bariumiodid: grüne Flammfärbung

A12 Offene Antworten, individuelle Schülerleistung je nach Auswahl des Metalls.
Beispielsweise könnten genannt werden:

Metall(-Ion)	Verwendung	Funktion im menschlichen Körper
Natrium	Natriumazid in Airbags, Kochsalz, Natriumdampflampen	Entstehung und Weiterleitung von Erregung in Nervenzellen
Magnesium	(Foto-)Blitzlampen	Entstehung und Weiterleitung von Erregung in Nervenzellen
Kalium	Trocknung von Lösungsmitteln	Übertragung von elektrischen Impulsen an Muskel- oder Nervenzellen
Calcium	Reduktionsmittel in der Metallurgie, technische Nutzung als Kalkstein	Aufbaumineral von Knochen und Zähnen, Regulation der Muskelfunktionen, Bestandteil bei der Blutgerinnung

A13 **a)** Natrium (s) + Wasser (l) ⟶ Natriumhydroxid(-lösung) (aq) + Wasserstoff (g)

$2\,Na\,(s) + 2\,H_2O\,(l) \longrightarrow 2\,NaOH\,(aq) + H_2\,(g)$

Calcium (s) + Wasser (l) ⟶ Calciumhydroxid(-lösung) (aq) + Wasserstoff (g)

$Ca\,(s) + 2\,H_2O\,(l) \longrightarrow Ca(OH)_2\,(aq) + H_2\,(g)$

b) Es kann vermutet werden, dass bei der Reaktion von Calcium mit Wasser mehr Wasserstoff als bei der Reaktion der gleichen Menge Natrium mit Wasser entsteht.
Stöchiometrisch betrachtet bilden bei der Reaktion von Natrium mit Wasser 2 Natrium-Atome mit 2 Wasser-Molekülen 1 Wasserstoff-Molekül, während bei der Reaktion von Calcium mit Wasser 1 Calcium-Atom mit 2 Wasser-Molekülen 1 Wasserstoff-Molekül bildet.
Oder: 2 Calcium-Atome bilden bei der Reaktion mit 4 Wasser-Molekülen 2 Wasserstoff-Moleküle, also doppelt so viel Wasserstoff-Moleküle wie bei der Reaktion von 2 Natrium-Atomen mit Wasser-Molekülen. Danach sollte das entstehende Volumen Wasserstoff bei der Reaktion von Calcium mit Wasser auch doppelt so groß wie das bei der Reaktion von Natrium mit Wasser sein.

A14 **a)** Calcium (s) + Fluor (g) ⟶ Calciumfluorid (s)

$Ca\,(s) + F_2\,(g) \longrightarrow CaF_2\,(s)$

b) In Calciumfluorid liegen Ionenverbindungen vor, da die Differenz der Elektronegativitätswerte von Calcium-Atomen und Fluor-Atomen 3,0 beträgt.
In der Verbindung liegen Calcium-Kationen Ca^{2+} und Fluorid-Anionen F^- vor.

A15

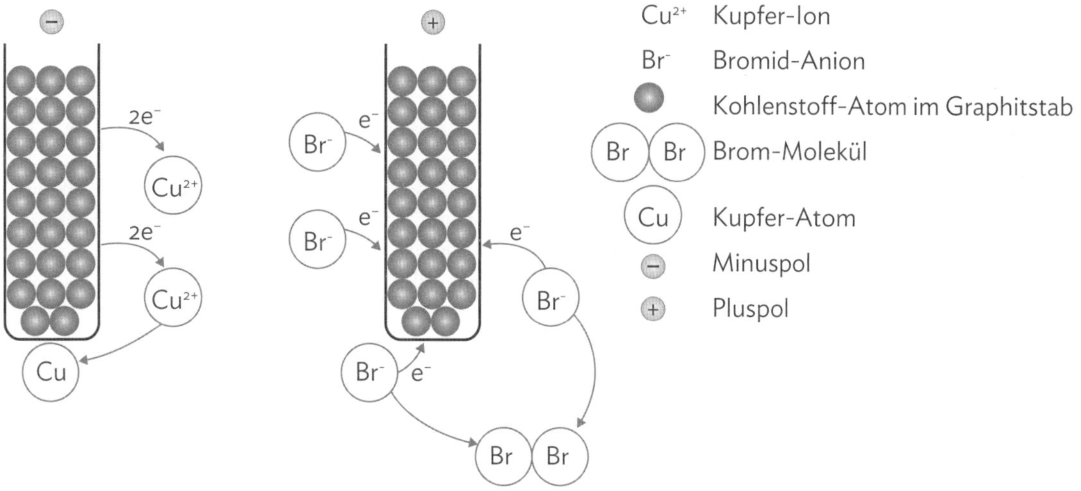

A16 **a)** *Merkmale auf der Teilchenebene*: Anzahl von Valenzelektronen; chemische Bindung zwischen den Teilchen des Elements
Merkmale auf der Stoffebene: ähnliche Stoffeigenschaften; ähnliches Reaktionsverhalten

b) *Halogene, Teilchenebene*: sieben Valenzelektronen; Bildung von Molekülen mit einer Elektronenpaarbindung zwischen den Atomen
Halogene, Stoffebene: Nichtmetalle; sehr reaktiv; bilden mit Alkalimetallen Salze
Alkalimetalle, Teilchenebene: ein Valenzelektron; Atome halten durch die Metallbindung im Metallgitter zusammen.
Alkalimetalle, Teilchenebene: Metalle; sehr reaktiv; bilden mit Halogenen Salze

ZUM ÜBEN UND WEITERDENKEN

A17 Mögliche Beispiele sind die Bildung von Salpeter (Kaliumnitrat) an Hauswänden und Mauern, die Bildung von Kalk in Haushaltsgeräten sowie Schneekristalle.

A18
a) Der Lösungsvorgang verläuft endotherm (Abkühlung bei der Reaktion).
b) Beide Salze werden unter gleichen Bedingungen (z. B. 8 g Salz in jeweils 100 mL 20 °C warmen Wassers) gelöst. Dabei wird jeweils die Temperatur gemessen. Die Werte werden anschließend verglichen.

M1 Die Gewinnung von Salz – früher und heute

Schulbuchseite 246

A1 Bei der Salzgewinnung werden die gute Wasserlöslichkeit der Salze und anschließend ihre Kristallisation beim Verdampfen des Wassers ausnutzt.

A2 Offene Antworten; individuelle Schülerleistung.
Mögliche Angaben: Der See ist unter der bis zu 30 Meter dicken Salzkruste, auf der sogar Busse problemlos fahren können, bis zu 70 Meter tief. Er erstreckt sich über eine Fläche von 10.580 Quadratkilometern. Von La Paz dauert es ungefähr 10 bis 12 Stunden, um den See und die mit 80 Kilometern Entfernung nahegelegene Kleinstadt Uyuni zu erreichen.

A3
a) Fließschema zur Salzgewinnung in Salinen:

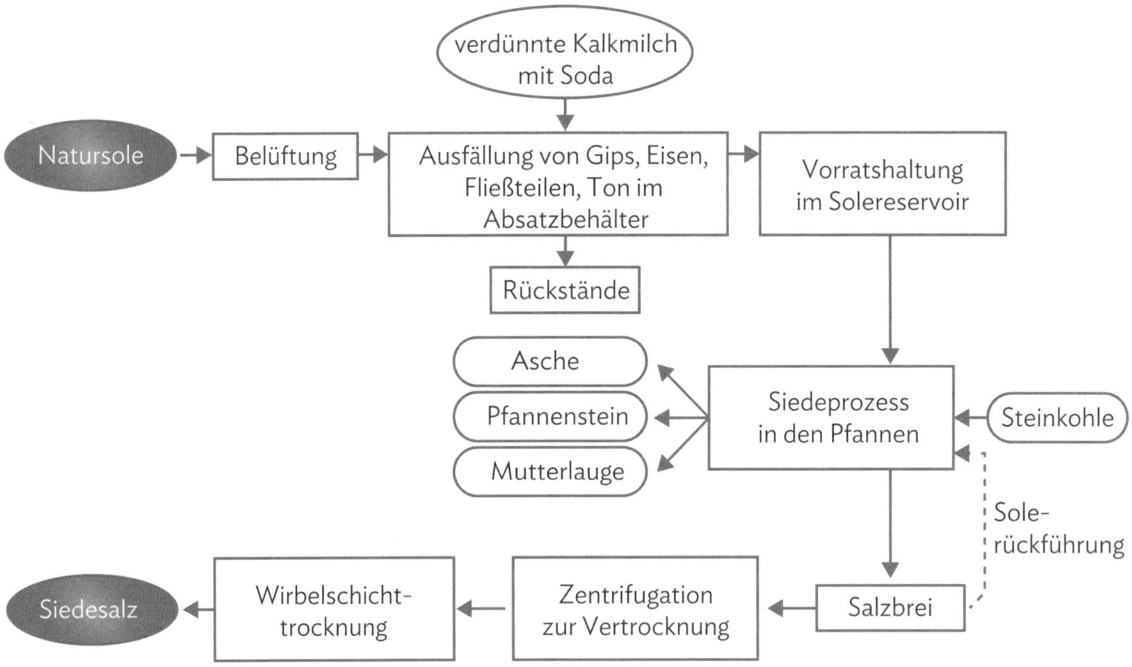

b)

	Siedesalz	Meersalz
Vorkommen	in der Erde als Sole oder als Salzstock	im Meerwasser gelöst
Gewinnung	Förderung der Sole durch Pumpen, Eindampfen der Sole, Trocknung	Verdunstung von Wasser in Meerwasserbecken warmer Länder, Reinigung für Verwendung als Speisesalz
Hauptbestandteil	Kochsalz (Natriumchlorid)	Kochsalz (Natriumchlorid)

A4 Beispiele für Orte, die mit „Salz" beginnen: Salzburg, Salzgitter, Salzkotten
Erklärung des Namens: Es handelt sich um Orte mit Salzvorkommen.
Beispiele für Orte, die mit „Bad" beginnen: Bad Reichenhall, Bad Salzuflen, Bad Salzdetfurth, Bad Salzschlirf
Erklärung des Namens: Orte mit Solegradierwerken zur Erholung
Orte, in denen „hal" enthalten ist: Hallein, Halle, Hall in Tirol, Schwäbisch Hal
Erklärung des Namens: „hall" ist die keltische Bezeichnung für Salz; Orte mit Salzgewinnung aus natürlicher Sole und dem Salzbergbau

M2 Einsatz von Salz gegen Straßenglätte

Schulbuchseite 246

A1 Wasserfreies Calciumchlorid reagiert mit Wasser unter starker Wärmeentwicklung, die Reaktion ist exotherm. Das Vorzeichen der Lösungsenergie ist negativ.
Wasserhaltiges Calciumchlorid reagiert mit Wasser unter Abkühlung des Lösungsmittels, die Reaktion ist endotherm. Das Vorzeichen der Lösungsenergie ist positiv.

A2 Geeignet ist nur wasserfreies Calciumchlorid, da es mit Wasser unter starker Wärmeentwicklung, exotherm, reagiert. Durch die frei werdende Wärme wird das Eis auf der Straße aufgetaut.

A3 *Pro*: schnelles Auftauen des Eises/ Schnees und damit Verminderung der Unfallgefahr
Contra: Beeinflussung des Pflanzenwachstums an Straßenränder, Schädigung von Bäumen durch z.B. die Veränderung des *p*H-Werts des Bodens; Gewässerverschmutzung; Veränderung der Bodenstruktur, wie beispielsweise eine Verschlämmung oder Verdichtung; Salzlösung beschleunigt die Korrosion an Autos
Fazit: Alternativ zu Streusalz sollte weitestgehend Streugranulat oder Streusand verwendet werden.

M3 Ein Turm aus Eiswürfeln

Schulbuchseite 247

A1 Das Salz senkt die Gefriertemperatur des Eises, also die Temperatur bei der das Wasser gefriert bzw. das Eis taut. Daher taut die mit Salz bestreute Oberfläche des Eiswürfels schnell an. Setzt man einen zweiten Eiswürfel darauf, reicht dessen zusätzliche Kälte aus, die angetaute Oberfläche wieder gefrieren zu lassen. Die Eiswürfel frieren aneinander fest.

A2 Die Umgebung kühlt ab, das heißt, dass für den Vorgang Wärme aus der Umgebung entnommen werden muss. Um das Eis zu schmelzen und das Salz zu lösen, muss Wärme (aus der Umgebung) aufgenommen werden. Der Vorgang ist endotherm und die Lösungsenergie von Natriumchlorid hat ein positives Vorzeichen.

ZUM ÜBEN UND WEITERDENKEN

M4 Salze im Mineralwasser

Schulbuchseite 247

A1 Offene Antworten; individuelle Schülerleistung.

A2 Offene Antworten; individuelle Schülerleistung.
Beispiel: Werte für das Potsdamer Leitungswasser (Angabe der Stadtwerke, 21.09.16)

Ionen	Gehalt in mg/L
Calcium-Ionen	84
Magnesium-Ionen	8,5
Kalium-Ionen	3,2
Hydrogencarbonat-Ionen	218
Chlorid-Anionen	55
Sulfat-Ionen	73
Natrium	44

A3 Der Referenzwert des Mineralstoffs Natrium für Frauen und Männer beträgt 550 mg.
1 L Potsdamer Leitungswasser enthält 44 mg Natrium-Kationen Na^+. Danach enthalten 12,5 L Potsdamer Leitungswasser 550 mg Natrium-Kationen.
Man müsste 12,5 L Leitungswasser trinken, um den Tagesbedarf an Natrium-Kationen zu decken.

VERSUCHE UND MATERIAL

V AUSWERTUNG

Schulbuchseite 256

V1
V2

a) und b)

Metall	Oberfläche/ Farbe vor dem Schmirgeln	Oberfläche/ Farbe nach dem Schmirgeln
Aluminium	grau-silbrig	silbrig glänzend
Kupfer	stumpf rotbraun	rotbraun glänzend
Eisen	grau-silbrig	silbrig glänzend
Zink	grau-silbrig	silbrig glänzend

c)

Metall	Verhalten gegenüber einem Magneten
Aluminium	nicht magnetisch
Kupfer	nicht magnetisch
Eisen	magnetisch
Zink	nicht magnetisch

d) Schrott wird geschreddert (zerkleinert). Diese Kleinteile werden anschließend durch Einblasen von Luft in schweres und leichtes Material getrennt. Das schwere Material wird durch einen Magnetabscheider geleitet. Dabei werden magnetische Metalle (vor allem Eisen) im Gegensatz zu den nichtmagnetischen Metallen vom Magneten angezogen und so von diesen getrennt.

V AUSWERTUNG

Schulbuchseite 257

V3
V4

a) Die Wärmeleitfähigkeit der in **V3** und **V4** untersuchten Metalle nimmt in der folgenden Ordnung von links nach rechts ab: Kupfer > Aluminium > Zink > Eisen.

b) Um eine Eigenschaft zweier Stoffe miteinander vergleichen zu können, müssen die Versuchsbedingungen bei den einzelnen Versuchen identisch sein. Wenn hier die Wärmeleitfähigkeit verschiedener Metalle verglichen werden soll, darf nur die Metallart geändert werden (variable Versuchsbedingung), alle anderen Parameter (Versuchsbedingungen wie Blechgröße und -dicke) müssen gleich sein.

V AUSWERTUNG

Schulbuchseite 257

V5

a) Offene Antworten bzw. eigene Fotos des gewählten Versuchaufbaus mit Beschriftung.

b) Als Kriterium für die Stärke der elektrischen Leitfähigkeit der untersuchten Stoffe wird die Stärke der Leuchtkraft der Lampe gewählt.
Danach nimmt die elektrische Leitfähigkeit (die Leuchtkraft der Lampe) in der folgenden Ordnung von links nach rechts ab: Kupfer > Aluminium > Eisen > Stahl > Zink.
Bei Holz, Glas und Kunststoff leuchtet die Lampe nicht, diese Stoffe leiten den elektrischen Strom nicht.

c) Ein Stoff ist elektrisch leitfähig, wenn er frei bewegliche, geladene Teilchen enthält.

6.1 Eigenschaften der Metalle

ERARBEITUNG

A AUFGABEN

Schulbuchseite 259

A1 Offene Antworten. Eine Mindmap zum Thema Metalle könnte wie die folgende aussehen:

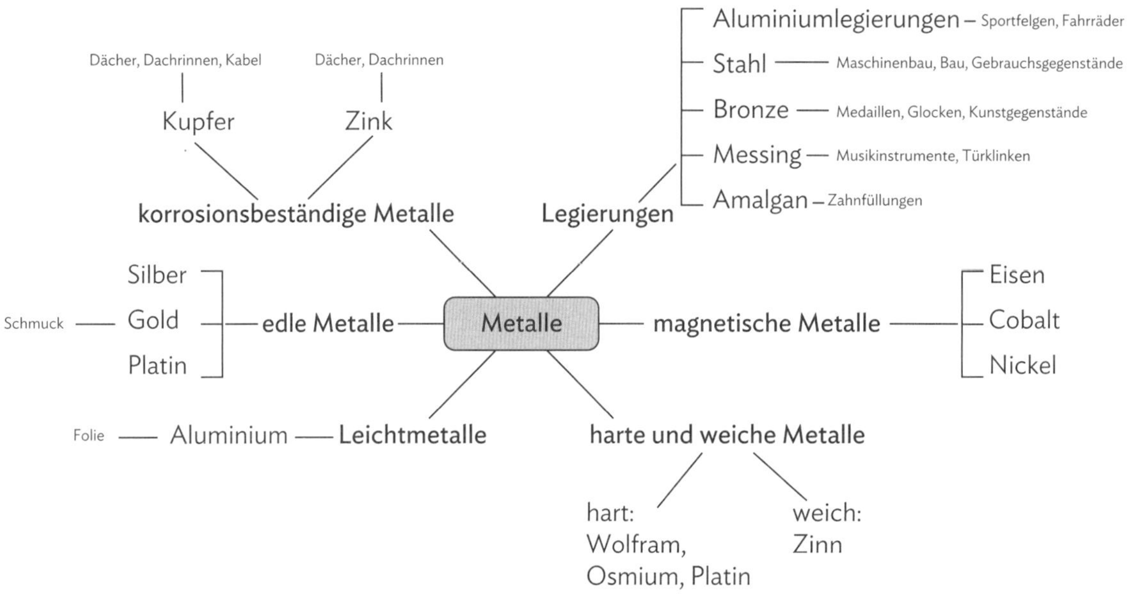

A2 Kunststoffe haben eine geringe Wärmeleitfähigkeit, sie sind somit schlechte Wärmeleiter. Griffe aus Kunststoff an Kochtöpfen und Pfannen schützen daher vor Verbrennungen.

A3 Silber hat eine hohe elektrische Leitfähigkeit und eignet sich deshalb sehr gut für die Leitung des elektrischen Stroms. Dennoch wird Silber in der Regel nicht als Material für die Leitung des elektrischen Stroms verwendet, da es viel zu teuer ist.

A4 Eine 1-Euro-Münze wiegt 7,5 g. Ein Kilogramm Gold kostet 32 000 € (vgl. Info 2, Schulbuchseite 259). 1 Gramm Gold kostet danach 32 €. Eine 1-Euro-Münze aus 7,5 g Gold hätte einen Wert von $7{,}5 \cdot 32\ € = 240\ €$.

ERARBEITUNG

A AUFGABEN
Schulbuchseite 261

A1 *Unterschied*: Bei der elektrischen Leitfähigkeit von Metallen (Stromfluss durch die Metalle) wird der Ladungstransport durch frei bewegliche Elektronen (negativ geladene Teilchen) gewährleistet. Bei der elektrischen Leitfähigkeit von Salzlösungen (Stromfluss durch die Salzlösungen) wird der Ladungstransport durch frei bewegliche Ionen (positiv oder negativ geladene Teilchen) verursacht.
Gemeinsamkeit: Sowohl in Metallen als auch in Salzlösungen sind frei bewegliche Ladungsträger für die elektrische Leitfähigkeit (den Stromfluss) verantwortlich.

A2 In Metallen befinden sich die Atomrümpfe und die Elektronen bereits bei Raumtemperatur in ständiger Bewegung, wobei die Atomrümpfe nur an ihren Gitterplätzen im Metallgitter schwingen. Legt man eine elektrische Spannung an, so werden die Bewegungen der negativ geladenen Elektronen gerichtet. Sie bewegen sich dann an den Atomrümpfen vorbei in Richtung Pluspol.
Steigt die Temperatur, bewegen sich die Atomrümpfe auf ihren Gitterplätzen heftiger und schränken dadurch die frei beweglichen Elektronen in ihrer Beweglichkeit ein. Durch diese Behinderung der Bewegung der Elektronen wird der Stromfluss durch ein Metall vermindert.

A3 Bei der Einwirkung von Kraft auf ein Stück Metall (Hämmern oder Schmieden) werden die Atomrümpfe innerhalb der Stoffportion aneinander vorbeigeschoben. Da das Elektronengas wie eine Art Klebstoff zwischen ihnen ist, stoßen sich die Atomrümpfe auch in der neuen Anordnung nicht ab und das Metallstück bleibt als Ganzes erhalten, es wird lediglich verformt.
Salzkristalle zerbrechen dagegen bei der Einwirkung von Kraft, weil die Kationen und Anionen in einem Salzkristall feste Gitterplätze belegen. Gelangen gleich geladene Gitterteilchen aneinander, stoßen sie sich ab.

A4 Offene Antworten.
Als Stähle werden metallische Legierungen mit Eisen als Hauptbestandteil bezeichnet, deren Kohlenstoffgehalt kleiner als 2 % beträgt. Edelstähle sind Stähle von besonders hohem Reinheitsgrad, z. B. deren Schwefel- oder Phosphorgehalt kleiner als 0,025 % ist. Edelstähle können Legierungen mit verschiedensten Metallen wie Chrom, Chrom/ Nickel, Molybdän, Titan, Wolfram, Vanadium und Cobalt sein.

Als Gründe für die Verwendung von Edelstahl für Kochtöpfe und Pfannen sind z. B. die leichte Reinigung, ein geringes Gewicht, Lebensmittelechtheit, Backofenfestigkeit, Spülmaschineneignung, Korrosionsbeständigkeit und Stabilität zu nennen.

Mögliche Darstellung einer Legierung mit dem Elektronengasmodell:

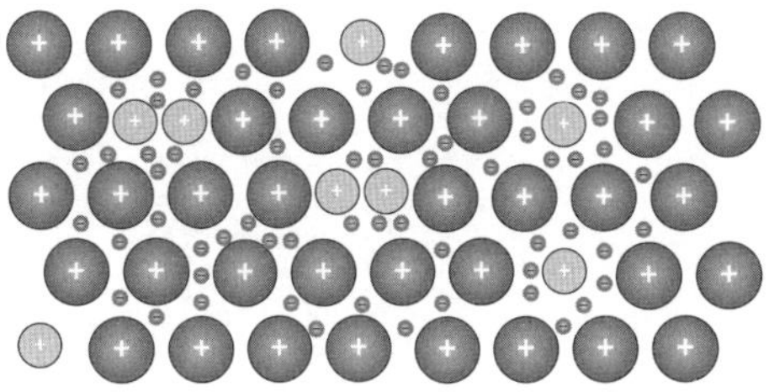

VERSUCHE UND MATERIAL

V AUSWERTUNG

Schulbuchseite 262

V1

V2

a) In folgender Ordnung der Metalle aus **V1** nimmt die Heftigkeit der Verbrennung von links nach rechts zu: Kupfer < Eisen < Zink < Aluminium < Magnesium

b) Allgemein verbrennen Metallpulver besser, wenn ihr Zerteilungsgrad groß ist, die Pulver also eine möglichst geringe Korngröße haben. Um die Heftigkeit der Verbrennung der verschiedenen Metallpulver miteinander vergleichen zu können, müssen gleiche Ausgangsbedingungen vorliegen. In diesem Fall heißt das, dass die Korngröße der Pulver gleich sein muss.

c) und **d)**

Kupfer und Sauerstoff reagieren zu Kupfer(II)-oxid: Bildung
Kupfer (s) + Sauerstoff (g) ⟶ Kupfer(II)-oxid (s)
$2\,Cu + O_2 \longrightarrow 2\,CuO$

Eisen und Sauerstoff reagieren zu Eisen(II)-oxid: Bildung
Eisen (s) + Sauerstoff (g) ⟶ Eisen(II)-oxid (s)
$2\,Fe + O_2 \longrightarrow 2\,FeO$

Zink und Sauerstoff reagieren zu Zinkoxid: Bildung
Zink (s) + Sauerstoff (g) ⟶ Zinkoxid (s)
$2\,Zn + O_2 \longrightarrow 2\,ZnO$

Aluminium und Sauerstoff reagieren zu Aluminiumoxid: Bildung
Aluminium (s) + Sauerstoff (g) ⟶ Aluminiumoxid (s)
$4\,Al + 3\,O_2 \longrightarrow 2\,Al_2O_3$

Magnesium und Sauerstoff reagieren zu Magnesiumoxid: Bildung
Magnesium (s) + Sauerstoff (g) ⟶ Magnesiumoxid (s)
$2\,Mg + O_2 \longrightarrow 2\,MgO$

Silberoxid reagiert zu Silber und Sauerstoff: Zerlegung
Silberoxid (s) ⟶ Silber (s) + Sauerstoff (g)
$2\,Ag_2O \longrightarrow 4\,Ag + O_2$

V

AUSWERTUNG

Schulbuchseite 263

V3

LV4

LV5

a)

Stoff	Aussehen vor dem Erhitzen	Aussehen nach dem Erhitzen
Kupferpulver / Eisenoxidpulver	rotbraun / grauschwarz	rotbraun / grauschwarz
Kupferoxidpulver / Eisenpulver	schwarz / grau	rotbraun-schwarzes Gemisch
Kupferoxidpulver / Zinkpulver	schwarz / grau	rotbraun-schwarzes Gemisch

b) Bei **V3** liegen die eingesetzten Stoffe (Kupferpulver und Eisenoxidpulver) nach dem Erhitzen unverändert vor. Es hat keine chemische Reaktion stattgefunden.
Bei **LV4** reagieren die Ausgangsstoffe (Kupferoxidpulver und Eisenpulver) nach kurzem Erhitzen des Reaktionsgemisches heftig unter Wärme- und Lichtabgabe. Es entsteht ein rotbraun-schwarzes Gemisch. Danach sind neue Stoffe mit neuen Eigenschaften entstanden, es hat eine chemische Reaktion stattgefunden (Stoff- und Energieumwandlung).

c)

	LV4: Kupferoxidpulver + Eisenpulver	LV5: Kupferoxidpulver + Zinkpulver
Gemeinsamkeiten	Zufuhr von Aktivierungsenergie, Aufglühen des Reaktionsgemisches, Stattfinden einer chemischen Reaktion	
Unterschiede	Reaktion verläuft weniger heftig, mehr Aktivierungsenergie ist nötig	Reaktion verläuft heftiger, weniger Aktivierungsenergie ist nötig

V

AUSWERTUNG

Schulbuchseite 263

LV6

LV7

a) Beobachtung bei **LV6**: Brennendes Magnesium brennt in Wasserdampf sehr heftig weiter.
Beobachtung bei **LV7**: Sowohl brennendes Magnesium als auch brennendes Eisen brennen in der Kohlenstoffdioxidatmosphäre weiter, Magnesium aber heftiger.

b) Das brennende Magnesium entzieht dem Wasser den Sauerstoff, dabei entstehen Wasserstoff und Magnesiumoxid. Magnesium wird danach oxidiert, während Wasser (die Wasserstoff-Atome im Wasser-Molekül) reduziert wird. Magnesium ist hier also gegenüber Wasser das Reduktionsmittel.
(Magnesium-Atome reagieren mit Wasser-Molekülen zu Wasserstoff-Molekülen und zu Magnesium-Ionen und Sauerstoff-Anionen in der Verbindung Magnesiumoxid.)

c) Magnesium (s) + Wasser (g) ⟶ Magnesiumoxid (s) + Wasserstoff (g)
$Mg\ (s) + H_2O\ (g) \longrightarrow MgO\ (s) + H_2\ (g)$
Magnesium (s) + Kohlenstoffdioxid (g) ⟶ Magnesiumoxid (s) + Kohlenstoff (s)
$2\ Mg\ (s) + CO_2\ (g) \longrightarrow 2\ MgO\ (s) + C\ (s)$
Eisen (s) + Kohlenstoffdioxid (g) ⟶ Eisenoxid (s) + Kohlenstoff (s)
$2\ Fe\ (s) + CO_2\ (g) \longrightarrow 2\ FeO\ (s) + C\ (s)$

ERARBEITUNG

A AUFGABEN Schulbuchseite 265

A1 Kupfer ist das *edlere* Metall als Zink, Zink ist das *unedlere Metall* als Kupfer. Die *Affinität* von Kupfer zu *Sauerstoff* ist damit geringer als die *Affinität* von Zink zu *Sauerstoff*. Daher kann Kupfer dem Zinkoxid den Sauerstoff nicht entziehen und Kupfer reagiert nicht mit Zinkoxid.

A2 Magnesium kann als Hilfsstoff für die Gewinnung von Eisen aus Eisenoxid dienen:
Eisenoxid (s) + Magnesium (s) $\longrightarrow$ Eisen (s) + Magnesiumoxid (s)
$FeO (s) + Mg (s) \longrightarrow Fe (s) + MgO (s)$

Magnesium kann als Hilfsstoff für die Gewinnung von Aluminium aus Aluminiumoxid dienen:
Aluminiumoxid (s) + Magnesium (s) $\longrightarrow$ Aluminium (s) + Magnesiumoxid (s)
$Al_2O_3 (s) + 3 Mg (s) \longrightarrow 2 Al (s) + 3 MgO (s)$

A3 Gold ist ein Edelmetall, das auch in wässriger (feuchter) Umgebung nicht mit dem Luftsauerstoff bzw. dem Sauerstoff des Wassers reagiert.
Eisen ist ein unedles Metall, das in wässriger (feuchter) Umgebung mit Luftsauerstoff bzw. dem Sauertsoff des Wassers reagiert (oxidiert), also Rost (Eisenoxid) bildet.

A AUFGABEN Schulbuchseite 267

A1 $2 FeO (s) + C (s) \longrightarrow 2 Fe (s) + CO_2 (g)$

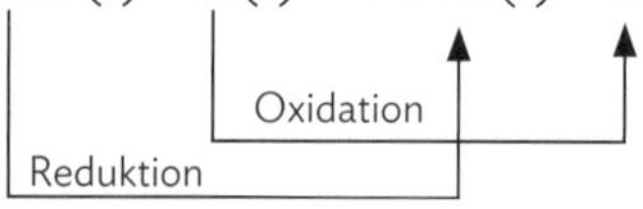

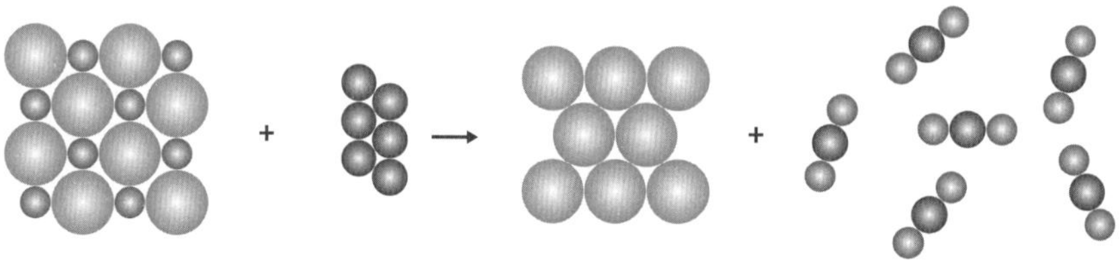

A2 *Kupferoxid ist ein starkes Oxidationsmittel.*
Die Aussage ist richtig.
Begründung: Kupferoxid gibt leicht zum Beipiel unedleren Metallen gegenüber seinen Sauerstoff an diese ab.
Magnesium hat ein schwaches Oxidationsvermögen.
Die Aussage ist richtig.
Begründung: Magnesium hat ein starkes Reduktionsvermögen (vgl. Seite 266 im Schulbuch) und damit ein schwaches Oxidationsvermögen, es wird selbst rasch oxidiert.
Silber ist ein schwaches Reduktionsmittel.
Die Aussage ist richtig.
Begründung:
Silber ist ein Edelmetall und reagiert deshalb schlecht mit Sauerstoff, d. h. es wird schlecht oxidiert. Daher entzieht es Metalloxiden den Sauerstoff nicht/ schlecht.

VERSUCHE UND MATERIAL

V AUSWERTUNG

Schulbuchseite 268

LV1

a) Während reiner Wasserstoff mit heller Flamme verbrennt, ist ein Wasserstoff-Sauerstoff(Luft)-Gemisch (ein Knallgasgemisch) explosiv. Daher muss vor Entzünden des ausströmenden Wasserstoffs am Ende der Apparatur gesichert sein, dass kein explosives Knallgasgemisch vorliegt. Dies geschieht mit Durchführung der Knallgasprobe.

b) Nach Durchführung der Reaktion liegt als Produkt im Verbrennungsrohr ein rotbrauner Feststoff vor. Als weiteres Produkt entsteht eine klare Flüssigkeit, die sich als Kondenswasser im gewinkelten Glasrohr sammelt.

c) Wasserstoff ist hier das Reduktionsmittel, es reduziert das Kupferoxid im Verbrennungsrohr, d. h. es entzieht dem Kupferoxid den Sauerstoff.

V AUSWERTUNG

Schulbuchseite 269

V2

V3

a) Beim Erhitzen von grünem Malachit entsteht ein schwarzer Feststoff und ein Gas, dass Kalkwasser trübt. Die Masse des entstandenen Feststoffs muss geringer sein als die des eingesetzten Malachits, da bei der Reaktion ein weiteres Produkt entstanden ist (und entweicht), das Gas, das das Kalkwasser trübt.

b) Malachit (ein Kupfercarbonat, vereinfacht $CuCO_3$) reagiert bei Erhitzen zu Kupfer(II)-oxid (schwarzer Feststoff im Reagenzglas) und Kohlenstoffdioxid (entweichendes Gas). Kohlenstoffdioxid trübt das Kalkwasser (Kalkwasserprobe).

c) und **d)**

Als Produkte bei der Reaktion in **V3** entstehen Kupfer und Kohlenstoffdioxid:

$2\,CuO\,(s) + C\,(s) \longrightarrow 2\,Cu\,(s) + CO_2\,(g)$ | exotherm

Kohlenstoff dient bei dieser Reaktion als Reduktionsmittel und wird selbst (zu Kohlenstoffdioxid) oxidiert: Bei **V3** wird Kupferoxid (das Produkt aus **V2**) durch das Reduktionsmittel Kohlenstoff reduziert. Dabei entstehen rotbraunes Kupfer und gasförmiges Kohlenstoffdioxid.

V

AUSWERTUNG

Schulbuchseite 269

V4
V5
V6

a) **V4**: Nach dem Eintauchen des Eisennagels in Kupfersulfatlösung hat sich auf dem Nagel ein rotbrauner Belag gebildet.
Begründete Vermutung: Metallisches Kupfer ist entstanden (rotbrauner Feststoff).
V5: Nach dem Eintauchen des Kupferblechs in Silbernitratlösung hat sich auf dem Blech ein silbriger Belag gebildet.
Begründete Vermutung: Metallisches Silber ist entstanden (silbriger Feststoff).

b) *Hinweise*:
Im Schulbuch muss die Aufgabenstellung zu Auswertung b) richtig lauten:
Vergleiche die Beobachtungen bei **V5** *und* **V6**.
Ebenfalls muss der Text zu **V6** korrigiert werden in:
Nimm den Nagel nach Beendigung von **V4**, *trockne ihn und tauche ihn mit der Spitze ca. 1 cm tief in die Silbernitratlösung aus* **V5**.

Gemeinsamkeiten: Sowohl auf dem Blech in **V5** als auch auf dem Nagel in **V6** bildet sich ein silbriger Belag.
Unterschied: Bei **V5** wird das Kupferblech versilbert, während bei **V6** der Kupfer*belag* auf dem Eisennagel versilbert wird.

c) Der Eisennagel aus **V4** ist nach der Reaktion zur Hälfte verkupfert (mit einem Belag aus Kupfer überzogen). Sowohl Eisen als auch Kupfer sind unedlere Metalle als Silber. Wenn sich auf unedleren Metallen in edleren Metall-Lösungen Beläge des edleren Metalls (aus der Metall-Lösung) bilden, müsste der Nagel aus **V4** in **V6** vollständig versilbert werden, wenn er komplett in die Silbernitratlösung eingetaucht wird.

d) Bei den Versuchen **V4** bis **V6** spricht *für* eine Reduktion, dass sich Beläge der edleren Metalle bilden. Allerdings wird bei keinem der drei Versuche einer Verbindung Sauerstoff entzogen, was nach der Definition der Reduktion nach der Sauerstofftheorie (vgl. Stichwort *Reduktion* auf Schulbuchseite 315) notwendig ist.

ERARBEITUNG

A AUFGABEN

Schulbuchseite 271

A1 Reaktionsgleichung von Kupferoxid mit Zink:
$CuO (s) + Zn (s) \longrightarrow ZnO (s) + Cu (s)$
Oxidation: $Zn \longrightarrow Zn^{2+} + 2 e^-$
Reduktion: $Cu^{2+} + 2 e^- \longrightarrow Cu$

A2 Silberoxid reagiert zu metallischem Silber und gasförmigem Sauerstoff:
$2 Ag_2O (s) \longrightarrow 4 Ag (s) + O_2 (g)$

Dabei reagieren die Teilchen der Verbindung Silberoxid, Silber-Kationen Ag^+ und Oxid-Anionen O^{2-}, zu Silber-Atomen Ag und Sauerstoff-Molekülen O_2:
Oxidation: $2 O^{2-} \longrightarrow O_2 + 4 e^-$
Reduktion: $4 Ag^+ + 4 e^- \longrightarrow 4 Ag$

Nach der Definition einer Redoxreaktion als Sauerstoffübertragungsreaktion findet hier nur eine Reduktion statt, Silberoxid gibt Sauerstoff ab.
Nach der Definition einer Redoxreaktion als Elektronenübertragungsreaktion findet hier eine Redoxreaktion statt, Oxid-Anionen geben Elektronen ab (Oxidation) und Silber-Kationen nehmen Elektronen auf (Reduktion).

FACHMETHODE:

Schrittweise Reaktionsgleichungen für Redoxreaktionen aufstellen

A AUFGABEN

Schulbuchseite 272

A1

1. Bei der Redoxreaktion von Kupferoxid mit Magnesium entstehen Magnesiumoxid und Kupfer. Ausgangsstoffe sind das Metall Magnesium aus Magnesium-Atomen Mg und die Verbindung Kupferoxid CuO aus Kupfer-Kationen Cu^{2+} und Oxid-Anionen O^{2-}.
2. Bei der Reaktion nehmen Kupfer-Kationen Cu^{2+} je zwei Elektronen auf und bilden Kupfer-Atome Cu, die Kupfer-Kationen werden also reduziert:
   $Cu^{2+} + 2\ e^- \longrightarrow Cu$
   Die Magnesium-Atome Mg geben je zwei Elektronen ab und bilden Magnesium-Kationen Mg^{2+}, die Magnesium-Atome werden oxidiert:
   $Mg \longrightarrow Mg^{2+} + 2\ e^-$
3. Die Zahl der übertragenen Elektronen ist gleich, die Elektronenbilanz ist ausgeglichen.

4. und 5. Die Gesamtgleichung für die Redoxreaktion lautet:
   $CuO\ (s) + Mg\ (s) \longrightarrow MgO\ (s) + Cu\ (s)$

ERARBEITUNG

A AUFGABEN

Schulbuchseite 273

A1

a) Zink taucht in Kupfersulfat-Lösung: $Zn + Cu^{2+} \longrightarrow Zn^{2+} + Cu$
Pfeilschema:

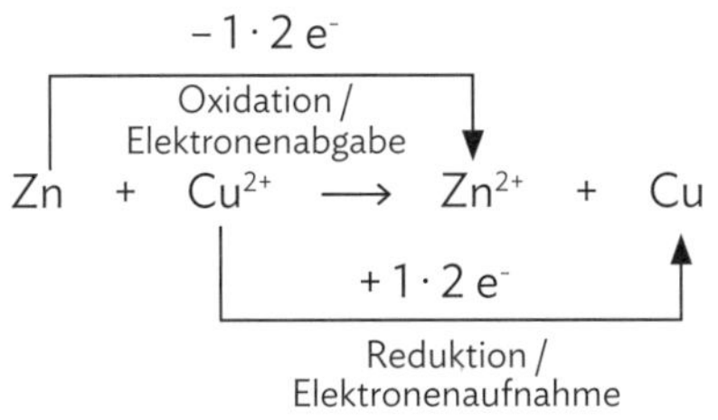

b) Aluminium bildet mit Luft eine Aluminiumoxidschicht: $4\,Al + 3\,O_2 \longrightarrow 2\,Al_2O_3$
Pfeilschema:

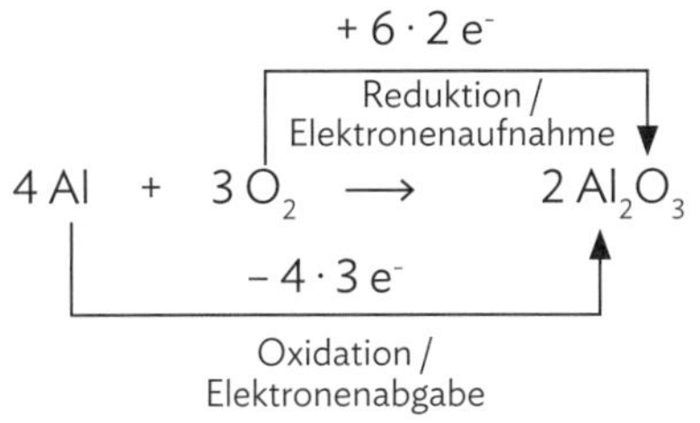

FACHMETHODE: Oxidationszahlen ermitteln und anwenden

A AUFGABEN

Schulbuchseite 275

A1

Oxidationszahlen im Eisenoxid FeO: $\overset{+II}{Fe}\overset{-II}{O}$

Oxidationszahlen im Eisenoxid Fe_2O_3: $\overset{+III}{Fe_2}\overset{-II}{O_3}$

Oxidationszahlen im Eisenoxid Fe_3O_4: $\overset{+IV}{Fe_3}\overset{-II}{O_4}$

A2 *Oxidationszahlen im Kohlenstoffdioxid-Molekül:*

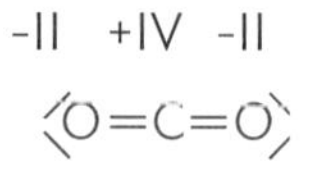

Oxidationszahlen im Methan-Molekül:

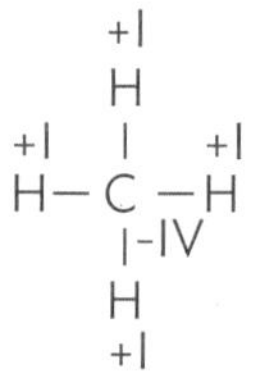

Oxidationszahlen im Ammoniak-Molekül:

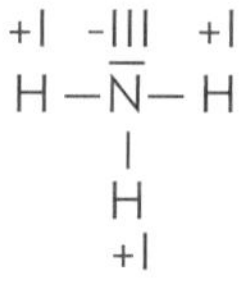

A3 Redoxreaktion von Zink(II)-oxid mit Kohlenstoff:

$$2\,\overset{+II}{Zn}\overset{-II}{O}\,(s) + \overset{0}{C}\,(s) \longrightarrow 2\,\overset{0}{Zn}\,(s) + \overset{+IV}{C}\overset{-II}{O_2}\,(g)$$

Die Zink-Kationen Zn^{2+} aus Zink(II)-oxid werden reduziert, da ihre Oxidationszahl OZ kleiner wird. Die Kohlenstoff-Atome C in Kohlenstoff werden oxidiert, da ihre Oxidationszahl OZ größer wird.

A4

	0	+I -I	+I -I
	Cl_2	HCl	KCl
Regel:	1	2, 6, 7	2, 5, 9
	0	+II	+III
	Fe	Fe^{2+}	Fe^{3+}
Regel:	1	3	3
	0	-II	+I -II
	S	S^{2-}	H_2S
Regel:	1	3	2, 7, 9
	+IV -II	+I +VI -II	+VI -II
	SO_2	H_2SO_4	SO_4^{2-}
Regel:	2, 6, 9	2, 6, 7	6, 10

VERSUCHE UND MATERIAL

V AUSWERTUNG

Schulbuchseite 276

V1

a) Alle Feststoffgemische vor den chemischen Reaktionen sehen gelb-grau aus.
Das Produkt der Reaktion von Gemisch a) ist ein Gemisch aus einem grauen und einem schwarzen Feststoff, ein kleiner Teil des Eisens hat nicht reagiert.
Das Produkt der Reaktion von Gemisch b) ist ein schwarzer Feststoff.
Das Produkt der Reaktion von Gemisch c) ist ein Gemisch aus einem schwarzen und einem gelbem Feststoff, ein kleiner Teil des Schwefels hat nicht reagiert.

b) Je mehr Schwefel eingesetzt wird, desto heftiger glüht das Reaktionsgemisch auf.

c) Fe (s) + S (s) ⟶ FeS (s)

d) Mithilfe magnetischer Untersuchungen und anhand des Aussehens der Produkte kann man herausfinden, dass das Eisen und Schwefel nur im Verhältnis des Eduktgemisches b) vollständig reagieren:
Nach der Reaktion des Gemisches aus a) liegt ein Gemisch aus dem Produkt (schwarz) und überschüssigem Eisen (grau) vor. Aufgrund des weiterhin vorhandenen Eisens ist das Gemisch auch nach der Reaktion magnetisch. Eisen hat nicht vollständig reagiert hat.
Nach der Reaktion des Gemisches aus b) liegt nur das Produkt (schwarz) vor, dieses ist nicht magnetisch. Eisen und Schwefel haben vollständig miteinander reagiert.
Nach der Reaktion des Gemisches aus c) liegt ein Gemisch aus dem Produkt (schwarz) und überschüssigem Schwefel (gelb) vor. Dieses Gemisch ist nicht magnetisch, damit Eisen vollständig reagiert, während Schwefel (gelb) weiterhin erkennbar ist. Schwefel hat nicht vollständig reagiert.

e) Die Reaktion von Eisen mit Schwefel verläuft exotherm, weil bei der Reaktion Licht und Wärme frei wird: Das Reaktionsgemisch glüht auf.
Fe (s) + S (s) ⟶ FeS (s) | exotherm

V AUSWERTUNG

Schulbuchseite 277

V2

a) Kupfer (s) + Schwefel (s) ⟶ Kupfersulfid (s)

b) *Beispiel*:

Beispielrechnung für die Tabelleneintragungen:

Einwaage: m(Kupfer Cu) = 3 g und m(Schwefel S) = 3 g

Masse des Produkts: m(Produkt) = 3,75 g

Masse an verbrauchtem Schwefel (Schwefel, der reagiert hat):

$m(S)_{verbraucht} = m(Produkt) - m(Cu) = 3{,}75\ g - 3\ g = 0{,}75\ g$

Massenverhältnis im Produkt $m(Cu) : m(S)$:

$m(Cu) : m(S)_{verbraucht} = 3\ g : 0{,}75\ g = 4 : 1$

m(Cu)	m(S)		m(Cu) : m(S)	m(Produkt)	m(Cu) : m(S)
	eingewogen	verbraucht	eingewogen		im Produkt
z.B. 3 g	z.B. 3 g	0,75 g	3 : 3	3,75 g	4 : 1
z.B. 1 g	z.B. 2 g	0,25 g	1 : 2	1,25 g	4 : 1
z.B. 3 g	z.B. 1 g	0,75 g	3 : 1	3,75 g	4 : 1

c) Das Atomanzahlverhältnis ist bei Kupfer(I)-sulfid Cu_2S: Cu : S = 2 : 1 und bei Kupfer(II)-sulfid CuS: Cu : S = 1 : 1.

Mithilfe der Atommassen von Kupfer (63,5 u) und von Schwefel (32,1 u) lassen sich die folgenden Massenverhältnisse berechnen:

Kupfer(I)-sulfid Cu_2S Cu : S = 2 · 63,5 u : 32,1 u = 4 : 1

Kupfer(II)-sulfid CuS Cu : S = 63,5 u : 32,1 u = 2 : 1.

d) Es muss sich Kupfer(II)-sulfid gebildet haben.

e) Das Massenverhältnis im Produkt $m(Cu) : m(S)_{verbraucht}$, das die verschiedenen Schülergruppen ermittelt haben, müsste jeweils $m(Cu) : m(S)_{verbraucht} \approx 4 : 1$ sein, unabhängig vom Massenverhältnis $m(Cu) : m(S)_{eingewogen}$.

ERARBEITUNG

A AUFGABEN Schulbuchseite 279

A1 Atomanzahlverhältnis Kaliumchlorid: K : Cl = 1 : 1
Verhältnisformel Kaliumchlorid: KCl

Atomanzahlverhältnis Magnesiumoxid: Mg : O = 1 : 1
Verhältnisformel Magnesiumoxid: MgO

Atomanzahlverhältnis Aluminium(III)-oxid: Al : O = 2 : 3
Verhältnisformel Aluminium(III)-oxid: Al_2O_3

A2 Masse pro Formeleinheit Kupfer(I)-sulfid Cu_2S: 159,1 u
Masse pro Formeleinheit Kupfer(II)-sulfid CuS: 95,6 u

A AUFGABEN Schulbuchseite 281

A1 Molare Masse von Silberoxid Ag_2O:
$m(\text{Ag}) = 107{,}9\ \text{u}$; $M(\text{Ag}) = 107{,}9\ \text{g/mol}$; $m(\text{O}) = 16{,}0\ \text{u}$; $M(\text{O}) = 16{,}0\ \text{g/mol}$
$M(\text{Ag}_2\text{O}) = 2 \cdot M(\text{Ag}) + 1 \cdot M(\text{O}) = 2 \cdot 107{,}9\ \text{g/mol} + 1 \cdot 16{,}0\ \text{g/mol} = 231{,}8\ \text{g/mol}$.
Molare Masse von Wasser H_2O:
$m(\text{H}) = 1{,}0\ \text{u}$; $M(\text{H}) = 1{,}0\ \text{g/mol}$; $m(\text{O}) = 16{,}0\ \text{u}$; $M(\text{O}) = 16{,}0\ \text{g/mol}$
$M(\text{H}_2\text{O}) = 2 \cdot M(\text{H}) + 1 \cdot M(\text{O}) = 2 \cdot 1{,}0\ \text{g/mol} + 1 \cdot 16{,}0\ \text{g/mol} = 18{,}0\ \text{g/mol}$.
Molare Masse von Eisen(III)-oxid Fe_2O_3:
$m(\text{Fe}) = 55{,}8\ \text{u}$; $M(\text{Fe}) = 55{,}8\ \text{g/mol}$; $m(\text{O}) = 16{,}0\ \text{u}$; $M(\text{O}) = 16{,}0\ \text{g/mol}$
$M(\text{Fe}_2\text{O}_3) = 2 \cdot M(\text{Fe}) + 3 \cdot M(\text{O}) = 2 \cdot 55{,}8\ \text{g/mol} + 3 \cdot 16{,}0\ \text{g/mol} = 159{,}6\ \text{g/mol}$.

A2 10 g Kupfer(I)-sulfid Cu_2S entsprechen 0,063 mol Cu_2S:
$M(\text{Cu}_2\text{S}) = m(\text{Cu}_2\text{S})/n(\text{Cu}_2\text{S})$; $M(\text{Cu}_2\text{S}) = 159{,}1\ \text{g/mol}$, $m(\text{Cu}_2\text{S}) = 10\ \text{g}$
$n(\text{Cu}_2\text{S}) = m(\text{Cu}_2\text{S}) : M(\text{Cu}_2\text{S}) = 10\ \text{g} : 159{,}1\ \text{g/mol} = 0{,}063\ \text{mol}$
Zur Herstellung von 0,063 mol Kupfer(I)-sulfid Cu_2S müssen 0,063 mol Schwefel und $2 \cdot 0{,}063\ \text{mol} = 0{,}126\ \text{mol}$ Kupfer miteinander reagieren.
0,063 mol Schwefel entsprechen einer Masse von 2,02 g Schwefel:
$m(\text{S}) = M(\text{S}) \cdot n(\text{S}) = 32{,}1\ \text{g/mol} \cdot 0{,}063\ \text{mol} = 2{,}02\ \text{g}$
0,126 mol Kupfer entsprechen einer Masse von 8,00 g Kupfer:
$m(\text{Cu}) = M(\text{Cu}) \cdot n(\text{Cu}) = 63{,}5\ \text{g/mol} \cdot 0{,}126\ \text{mol} = 8{,}00\ \text{g}$
Man benötigt also 2,02 g Schwefel und 8,00 g Kupfer, um 10 g Kupfer(I)-sulfid herzustellen.

FACHMETHODE: Rechnen mit Größen

A AUFGABEN

Schulbuchseite 282

A1

a) Berechnung der Masse an Eisen Fe, die durch Reduktion von 3 mol Eisen(III)-oxid Fe_2O_3 mit Kohlenstoff C hergestellt werden kann.
Die Reaktionsgleichung lautet:
$2\ Fe_2O_3 + 3\ C \longrightarrow 4\ Fe + 3\ CO_2$
Dabei entstehen aus 2 mol Eisen(III)-oxid Fe_2O_3 4 mol Eisen Fe, also müssen aus 3 mol Fe_2O_3 6 mol Eisen entstehen.
6 mol Eisen entsprechen nach $m(Fe) = M(Fe) \cdot n(Fe) = 55{,}8\ g/mol \cdot 6\ mol = 334{,}8\ g$.
Aus 3 mol Eisen(III)-oxid Fe_2O_3 kann man 334,8 g Eisen Fe erhalten.

b) Berechnung der Masse an Eisen Fe, die durch Reduktion von 18 g Eisen(II)-oxid FeO mit Kohlenstoff C hergestellt werden kann.
Die Reaktionsgleichung lautet:
$2\ FeO + C \longrightarrow 2\ Fe + CO_2$
Der Masse von 18 g FeO entsprechen nach $n(FeO) = m(FeO) \cdot M(FeO) = 18\ g : 71{,}8\ g/mol = 0{,}25\ mol$ FeO. Nach der Reaktionsgleichung werden aus 0,25 mol FeO auch 0,25 mol Eisen Fe entstehen, die nach $m(Fe) = M(Fe) \cdot n(Fe) = 55{,}8\ g/mol \cdot 0{,}25\ mol = 13{,}95\ g$ eine Masse von 13,95 g Eisen ergeben.
Aus 18 g Eisen(II)-oxid FeO kann man 13,95 g Eisen Fe erhalten.

EXKURS > SI-Basiseinheiten oder das Système International d´ Unités

A **AUFGABEN** Schulbuchseite 283

A1

a) n = 1570 mol = 1,57 kmol;

b) n = 2000 000 000 mmol = 2000 kmol

A2

n = 1 amol = 10^{-18} mol; 1 mol = $6 \cdot 10^{23}$ Teilchen
In einem Attomol sind $10^{-18} \cdot 6 \cdot 10^{23} = 6 \cdot 10^{5}$ Teilchen enthalten.

A3

Berechnung der Wirkstoff-Moleküle in einer Tablette ASS-500:
In einer Tablette ASS-500 sind 500 mg ASS $C_9H_8O_4$ enthalten.
Mit M(ASS) = 180 g/mol hat 1 mol ASS nach M(ASS) = m(ASS) : n(ASS) bzw.
m(ASS) = M(ASS) · n(ASS) eine Masse von 180 g.
Der Masse von m(ASS) = 0,5 g entspricht eine Stoffmenge n(ASS) = 0,00278 mol.
1 mol enthält $6 \cdot 10^{23}$ Teilchen und 0,0078 mol enthalten somit $1{,}667 \cdot 10^{21}$ Teilchen.
In einer Tablette ASS-500 sind $1{,}667 \cdot 10^{21}$ Wirkstoff-Teilchen enthalten.

VERSUCHE UND MATERIAL

V AUSWERTUNG

Schulbuchseite 284

LV1

a) Bei der Reaktion entsteht eine glühende Schmelze, von der nach dem Abkühlen ein anthrazitfarbender Feststoff bleibt, es handelt sich um Eisen.
Außerdem bildet sich ein schwarzer, kristalliner Feststoff, hierbei handelt es sich um Aluminiumoxid.
Aus Eisen(III)-oxid und Aluminium haben sich Eisen und Aluminiumoxid gebildet:
Fe_2O_3 (s) + 2 Al (s) ⟶ 2 Fe (l) + Al_2O_3 (s)

b) Eisen(III)-oxid Fe_2O_3 wird, bzw. die Eisen(III)-Kationen Fe^{3+} werden, reduziert und Aluminium wird, bzw. die Aluminium-Atome werden, oxidiert.

c) Aluminium ist unedler als Eisen und hat somit eine größere Affinität zu Sauerstoff als Eisen. Es entzieht dem edleren Eisen den Sauerstoff aus Eisen(III)-oxid.

d) Reaktionsgleichung:
Fe_2O_3 (s) + 2 Al (s) ⟶ 2 Fe (l) + Al_2O_3 (s)
Mit $m(Fe_2O_3)$ = 30 g und $M(Fe_2O_3)$ = 159,6 g/mol wird nach
$n(Fe_2O_3) = m(Fe_2O_3) \cdot M(Fe_2O_3)$ = 30 g : 159,6 g/mol = 0,188 mol die Stoffmenge von 0,188 mol Eisen(III)-oxid eingesetzt.
Bei der Reaktion von n = 0,188 mol Eisen(III)-oxid mit Aluminium ensteht (vgl. Reaktionsgleichung) eine Stoffmenge von 2 · 0,188 mol = 0,375 mol Eisen.
Mit M(Fe) = 55,8 g ergibt dies nach $m(Fe) = M(Fe) \cdot n(Fe)$ = 55,8 g/mol · 0,375 mol = 21 g.
Aus 30 g Eisen(III)-oxid können 21 g Eisen hergestellt werden.

V AUSWERTUNG

Schulbuchseite 285

LV2

Hinweis: Es muss auf Schulbuchseite 285 richtig **LV2** statt **LV1** heißen.

a) Bei der Reaktion von Eisen(III)-oxid mit Kohlenstoffmonooxid bilden sich Eisen und Kohlenstoffdioxid, Kohlenstoffmonooxid, das sich nicht vollständig umgesetzt hat, liegt weiterhin vor.

b) Das feste Reaktionsprodukt ist magnetisch, es handelt sich hierbei um Eisen.

c) Fe_2O_3 (s) + 3 CO (g) ⟶ 2 Fe (l) + 3 CO_2 (g) | exotherm
Das Reduktionsmittel ist Kohlenstoffmonooxid CO, es wird selbst oxidiert. Kohlenstoff +II im Kohlenstoffmonooxid-Molekül wird zu Kohlenstoff +IV im Kohlenstoffdioxid-Molekül.

d)

	Modellexperiment Hochofen	Hochofen
Edukte	Fe_2O_3, C	Fe_2O_3, C, Kalk (Calciumcarbonat $CaCO_3$)
Produkte	Fe, CO_2, Zwischenprodukt: CO	Fe, CO_2, Zwischenprodukt: CO, Schlacke
Aufbau	Edukte in Schichten ohne Kalk, röhrenförmig, Luftzufuhr von unten, keine Abflüsse	Edukte in Schichten mit Kalk, kegelförmig, Luftzufuhr unteres Drittel, Abflüsse für Schlacke und flüssiges Eisen
Reaktionen	C (s) + O_2 (g) ⟶ CO_2 (g) | exotherm C (s) + CO_2 (g) ⟶ 2 CO (g) | endotherm Fe_2O_3 (s) + 3 CO (g) ⟶ 2 Fe (l) + 3 CO_2 (g) | exotherm	C (s) + O_2 (g) ⟶ CO_2 (g) | exotherm C (s) + CO_2 (g) ⟶ 2 CO (g) | endotherm Fe_2O_3 (s) + 3 CO (g) ⟶ 2 Fe (l) + 3 CO_2 (g) | exotherm
Energieumwandlung	insgesamt exotherm	insgesamt exotherm

e) Kalkstein bildet mit den eisenfreien Erzbestandteilen die Schlackeschmelze, die auf dem flüssigen Roheisen schwimmt. Diese auf dem Roheisen schwimmende Schlacke verhindert die Oxidation des Eisens durch die eingeblasene Heißluft (Sauerstoff).

f) Edukte bei **LV1**: Eisen(III)-oxid Fe_2O_3 und Aluminium Al. Eisen(III)-oxid ist bei dieser Reaktion das Oxidationsmittel, Aluminium das Reduktionsmittel.
Edukte bei **LV2**: Eisen(III)-oxid Fe_2O_3 und Kohlenstoffmonooxid CO. Eisen(III)-oxid ist bei dieser Reaktion das Oxidationsmittel, Kohlenstoffmonooxid das Reduktionsmittel.

ERARBEITUNG

A AUFGABEN

Schulbuchseite 287

A1

Oxidation (CO → CO_2)

$$Fe_2O_3\,(s) + 3\,CO\,(g) \longrightarrow 2\,Fe\,(l) + 3\,CO_2\,(g)$$

Reduktion (Fe_2O_3 → Fe)

Das Oxidationsmittel ist Eisen(III)-oxid Fe_2O_3 und das Reduktionsmittel ist Kohlenstoffmonooxid CO.

A2

Kohlenstoffmonooxid ist gasförmig und umströmt die zu reduzierenden Feststoffe von allen Seiten. Die reagierende Oberfläche ist daher wesentlich größer als wenn man als Reduktionsmittel Kohlenstoff C einsetzen würde, denn dann lägen zwei Feststoffe (Eisen(III)-oxid Fe_2O_3 und Kohlenstoff C) nebeneinander vorliegen.

A3

Hochofen	Rennofen
$Fe_2O_3\,(s) + 3\,CO\,(g) \longrightarrow 2\,Fe\,(l) + 3\,CO_2\,(g)$ exotherm	$Fe_2O_3\,(s) + 3\,CO\,(g) \longrightarrow 2\,Fe\,(s) + 3\,CO_2\,(g)$ exotherm
Im Hochofen wird aus den oxidischen Eisenerzen Roheisen gewonnen. Als Reduktionsmittel dient hauptsächlich Kohlenstoffmonooxid, das durch Verbrennung von Koks im Hochofen selbst erzeugt wird. Der Hochofen wird von oben mit Eisenerz, Koks und Zuschlägen (u.a. Kalkstein) so beschickt, dass sich im Hochofen Schichten von Koks und Eisenerz abwechseln. Unten wird heiße Luft eingeblasen. Durch das entstehende Kohlenstoffmonooxid werden die Eisenoxide reduziert und unten sammelt sich flüssiges Roheisen, das in regelmäßigen Abständen entnommen wird (Abstich).	Rennöfen sind aus Lehm gemauerte, schornsteinähnliche Röhren mit ca. 40 cm Innendurchmesser und 100 cm Höhe, in denen durch Einblasen von Luft und die Verwendung von Holzkohle Eisenerz zu Eisen reduziert wird. Dabei rinnt Schlacke auf den Ofengrund. Der Schmelzpunkt des Eisens liegt bei 1535 °C. Diese hohe Temperatur wird in Rennöfen nicht erreicht. Die Bildung von Eisen im Rennfeuer ist folglich eine Feststoffreaktion. Nicht das Eisen wird flüssig (wie im Hochofen), sondern die Schlacke.

ERARBEITUNG

A AUFGABEN

Schulbuchseite 288

A1 Stahlsorten, die für Besteck bzw. Werkzeug verwendet werden, sind u. a. Edelstahl, Chromstahl und Chromnickelstahl:

Edelstahl: Chromgehalt von mindestens 13%; Edelstahl rostfrei, säureunempfindlich und spülmaschinenfest

Chromstahl: Eisenlegierung mit 13, 15 oder 17% Chrom; rostfreie Bestecke von einfacher Qualität

Chromnickelstahl: Stahl, der als Legierungselemente neben Eisen und Kohlenstoff bis zu 18% Chrom und zwischen 8,5 und 10% Nickel enthält; Bestecke mit sehr guter Spülmaschineneignung in vielfältigem Design

A2 *Beispiele – Rechercheergebnisse:*

Damaszener Stahl: Schweißmusterstahl
(http://www.xerxes-knives.de/72.html, 02.08.16)
Ausgangsmaterial sind zwei Stähle, die unterschiedlich legiert sind (z.B. ein Stahl mit erhöhtem Nickelgehalt und ein Stahl mit erhöhtem Mangangehalt). Die Stähle werden abwechselnd zu einem Paket gestapelt und an den Seiten durch eine kleine Schweißnaht fixiert. Dann wird das Paket im Schmiedefeuer auf Rotglut gebracht und mit Borax, einem sogenannten Flussmittel, bestreut. Das Borax schmilzt bei hohen Temperaturen und überzieht das Paket mit einer dünnen Schicht, die die Oxidation der Stähle reduziert und so das Feuerverschweißen erleichtert. Anschließend erhitzt man das Paket je nach verwendeten Stählen auf 1000 bis 1200 Grad und schmiedet die Lagen mit gezielten Hammerschlägen zusammen. Dann wird das Paket in die Länge getrieben, auf der einen Seite in der Mitte eingekerbt und gefaltet. Das Paket wird erneut verschweißt und dieser Vorgang wiederholt, bis man die gewünschte Lagenzahl erreicht hat.

Samurai-Schwert:
(https://de.wikipedia.org/wiki/Katana, 02.08.2016)
Die Herstellung eines solchen Schwerts dauert mehrere Tage bis Wochen. Zuerst werden gebrochene Stücke des in einer Art Rennofen gewonnenen Stahls zu einem Block zusammengelegt und mit Schlamm und Asche begossen. Dies sorgt dafür, dass sich Verunreinigungen damit verbinden und so aus dem Stahl gelöst werden. Danach wird das Ganze auf Schweißtemperatur erhitzt, um die Bruchstücke durch Feuerschweißen zu verbinden. Nach diesem Vorgang wird der Block bis zu 15-mal gefaltet, damit sich der Kohlenstoff gleichmäßig verteilt. Dies sorgt später für eine gleichmäßige Härte der Klinge. Nach diesem Vorgang liegen bis zu 30.000 Lagen Stahl übereinander. In den harten Block wird jetzt ein weicherer Stahl eingeschmiedet, weil die Klinge sonst bei Belastung brechen würde. Jetzt wird der Block in tagelanger Handarbeit in die Länge geschmiedet und zur Klinge ausgeformt. Beim nächsten Arbeitsschritt, dem Härten, wird das Schwert zunächst mithilfe eines feinen Bambusspatels mit einer Schicht aus Lehm versehen.
Nach dem Trocknen wird die Klinge im Holzkohlefeuer auf Härtetemperatur (etwa 800 °C) gebracht und schnell in warmem Wasser abgekühlt. Dadurch erstarrt das Gefüge des Stahls, und es bildet sich eine besonders harte Stahlmodifikation.
Danach wird die Klinge nochmals überfeilt und gegebenenfalls mit einer Signatur versehen. Nach dieser Behandlung bekommt der Schleifer das Schwert. In etwa 120 Stunden verleiht er der Oberfläche des Schwertes die unvergleichliche Anmutung, aber auch die nötige Schärfe.

FACHMETHODE:

Der Weg der naturwissenschaftlichen Erkenntnisgewinnung

A AUFGABEN Schulbuchseite 289

A1 *Problem*: Wie kann reines Zink ohne Verunreinigungen aus Zinkoxid hergestellt werden?
Vermutung: Zinkoxid kann mithilfe von Kohlenstoff zu Zink reduziert werden. Dabei müssten Zink und Kohlenstoffdioxid entstehen.
Überprüfbare Aussage: Wenn schwarzes Zinkoxid mithilfe von Kohlenstoff zu Zink reduziert wird, dann entstehen dabei silbergraues Zink und gasförmiges Kohlenstoffdioxid, das eine Kalkwasserlösung trüben müsste (Kalkwasserprobe, Nachweis von Kohlenstoffdioxid).
Planung eines Experiments: Ein stöchiometrisches Gemisch aus Zinkoxid und Kohlenstoff wird in einem Reagenzglas mit seitlichem Ansatz erhitzt, bis es aufglüht. Das dabei entstehende Kohlenstoffdioxid wird zunächst in eine leere Waschflasche und danach in eine Kalkwasserlösung geleitet.
Vergleich: Nach der Reaktion ist ein silber-grauer Feststoff im Reagenzglas zu sehen. Die Kalkwasserlösung hat sich getrübt. Die experimentell überprüfbare Aussage stimmt mit den Beobachtungen überein.
Aussage:
Die Vermutung wurde bestätigt. Zinkoxid wird durch Kohlenstoff zu reinem Zink reduziert:
$2\ ZnO\ (s) + C\ (s) \longrightarrow 2\ Zn\ (s) + CO_2\ (g)$

EXKURS > Allergisch auf Geld? - Die Münzmetalle

A AUFGABEN Schulbuchseite 290

A1 *Nickel*: Bildung von Nickel-Ionen aus Nickel-Atomen

$Ni\ (s) \xrightarrow{H_2O} Ni^{2+}\ (aq) + 2\ e^-$

Kupfer: Bildung von Kupfer-Ionen aus Kupfer-Atomen

$Cu\ (s) \xrightarrow{H_2O} Cu^{2+}(aq) + 2\ e^-$

A2 Gesundheitsschädliche Keime werden auf Kupferoberflächen wie z. B. auf Münzgeld abgetötet. Kupfer wirkt bakterizit.

A3 Verhaltensregeln zur Vermeidung von Nickelallergien:
- Verzicht auf nickelhaltige Produkte (Z. B. Erdbeeren, Zigaretten und Nüsse können Nickel enthalten.)
- keinen Nickelschmuck tragen
- Verzicht auf Kosmetikartikel, die Nickel enthalten (Haarpflege- und Waschmittel)
- Münzgeld mit Handschuhen anfassen

EXKURS > Die Nebengruppenelemente

A **AUFGABEN** Schulbuchseite 291

A1 Die Zeichnungen der Elektronenschalenmodelle von Titan, Eisen und Zink erfolgt analog zu denen in **B9**, Schulbuchseite 94.
In den Zeichnungen sollten folgende Elektronenverteilungen deutlich werden:

Nebengruppenelement	Anzahl der Elektronen auf den Schalen			
	K	L	M	N
Titan Ti	2	8	10	2
Eisen Fe	2	8	14	2
Zink Zn	2	8	18	2

A2 *Beispiel – Rechercheergebnis:*
Eine Quecksilbervergiftung ist eine Vergiftung mit dem giftigen Schwermetall Quecksilber. Die Vergiftung wird durch die direkte Aufnahme der Dämpfe des Quecksilbers hervorgerufen. Man spricht dabei von einer akuten Vergiftung. Auch chronische Vergiftungen sind möglich, wenn man über längere Zeit geringen Mengen ausgesetzt ist.
Mit geringen Mengen Quecksilber kann man in Privathaushalten beim Zerbrechen von quecksilberhaltigen Thermometern und Kompaktleuchtstofflampen in Kontakt kommen. Weitaus größere Quecksilberemissionen entstehen bei der Verbrennung von Kohle und Förderung von Erdgas. Dem Energiesektor wird ein Anteil von 70 % an den deutschen Gesamtquecksilberemissionen zur Last gelegt.
Die Langzeitwirkung beim Tragen von Zahnplomben aus Amalgam ist umstritten. Eine kurzzeitige erhöhte Quecksilberdampf-Exposition entsteht beim hochtourigen, ungeschützten Ausbohren von Zahnamalgam; hier ist Schutz durch eine über den Rachen gelegte Latexmembran in Verbindung mit einer Absaugung möglich.
(https://de.wikipedia.org/wiki/Quecksilbervergiftung (01.08.2016))

Das Gefährdungspotenzial einer Quecksilbervergiftung ist sehr gering. Fieberthermometer enthalten oft eine alkoholische Farbstoff-Lösung. Heute werden zunehmend digitale Thermometer verwendet. Leuchtstoffröhren aus dem Haushalt gehören in den Sondermüll. Amalgamplomben werden zunehmend durch Keramikplomben ersetzt.

ZUM ÜBEN UND WEITERDENKEN

A AUFGABEN

Schulbuchseite 292, 293

A1

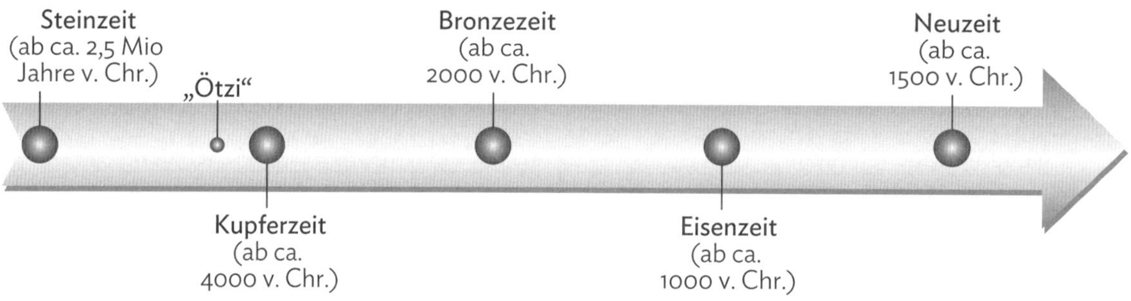

Beispiel – Rechercheergebnisse:
„Ötzi“ ist eine Gletschermumie aus der späten Jungsteinzeit bzw. Kupfersteinzeit, die 1991 in den Ötztaler Alpen (Südtirol) gefunden wurde. Mithilfe der Radiokohlenstoffdatierung wurde der Todeszeitpunkt des Mannes auf zwischen 3359 und 3105 v. Chr. bestimmt, das Alter der Mumie beträgt damit circa 5250 Jahre. (https://de.wikipedia.org/wiki/%C3%96tzi 02.08.2016)
Kupferzeit (ca. 4000 v. Chr. bis 2000 v. Chr.):
Da Kupfer ziemlich weich ist, kann es nur begrenzt zur Herstellung von Werkzeugen verwendet werden. Es wurde jedoch häufig als Material zur Schmuckherstellung genutzt. Die begrenzte Nutzung des Kupfers macht es geschichtlich gesehen nicht so bedeutsam.
Bronzezeit (ca. 2000 v. Chr. bis 1000 v. Chr.):
Durch die Entdeckung von Bronze (Legierung aus Kupfer und Zinn) konnten Werkzeuge und Waffen mit einer höheren Härte und in großer Stückzahl hergestellt werden. Die Herstellung von Bronze wurde erst durch eine Verbesserung der Verhüttungstechniken möglich.
Eisenzeit (ca. 1000 v. Chr. bis 400 v. Chr.):
Weitere Verbesserung der Verhüttung erlaubte die Gewinnung von Eisen aus Erzen wie Magnetit und Hämatit. Seit den Anfängen der Eisenverarbeitung bis heute hat sich vor allem das Wissen über die möglichen Legierungen von Eisen mit anderen Elementen sehr vergrößert. Die Eisenzeit wird bis ca. 400 v. Chr. gerechnet, aber die Optimierung von eisenhaltigen Legierungen ist auch heute noch nicht abgeschlossen. Seit über 2000 Jahren wurden immer bessere Methoden entwickelt, Eisen zu schmelzen, zu legieren und zu verarbeiten.
(https://www.th-nuernberg.de/seitenbaum/fakultaeten/werkstofftechnik/fachgebiete/metalle/page.html, 02.08.2016)

A2

Gold und Silber sind Edelmetalle, die Umwelteinflüssen gegenüber beständig sind und daher auch noch nach Jahrtausenden fast unversehrt zu finden sind.
Eisen dagegen rostet und zerfällt anschließend. Eisen und seine Legierungen sind allerdings sehr vielseitig einsetzbar und daher für die Menschen und die Entwicklung Menschheit bis heute sehr wichtig. Seit über 2000 Jahren werden immer bessere Methoden entwickelt, Eisen zu schmelzen, zu legieren und zu verarbeiten.

A3

a) Kupfer ist ein sehr guter elektrischer Leiter, die elektrische Leitfähigkeit von Kupfer ist größer als die von Gold und es hat einen geringeren inneren Widerstand als andere in der Industrie genutzte Metalle. Dank dieser Eigenschaften wird es in der Elektroindustrie vielseitig genutzt, z. B. für Stromkabel (korrosionsbeständig und dehnbar) und als wichtige Komponente in Generatoren, Motoren, Transformatoren und Systemen zur Erzeugung erneuerbarer Energien.

b) Die gute Wärmeleitfähigkeit von Kupfer wird u.a. bei Heizrohren, Braukesseln, Kochgeschirr und Lötkolben genutzt. Heizungsrohre und Gasleitungen aus Kupfer halten Korrosion und hohem Wasserdruck stand, brennen nicht, bewahren ihre Form und Festigkeit auch unter hohen Temperaturen haben eine lange Lebensdauer.

A4

a) Weitere Leichtmetalle sind z. B. Lithium, Kalium und Natrium.

b) Die Vorteile von Aluminium gegenüber anderen Metallen für den Flugzeug- und Autobau sind:
- Aluminium reduziert aufgrund seiner geringen Masse das Leergewicht eines Nutzfahrzeugs.
- Die geringe Masse von Aluminium senkt den Kraftstoffverbrauch und reduziert den Kohlenstoffdioxidausstoß.
- Aluminium hat eine gute Korrosionsbeständigkeit.
- Aluminium ist recycelbar.
- Aluminium hat ein ausgezeichnetes Verhältnis von Festigkeit und niedriger Masse.

c) Alltagsgegenstände aus Aluminium sind z. B. Alufolien, Freileitungen, Kochgeschirr, Getränkeflaschen, Getränke- und Konservendosen.

A5

a) Geeignete Reduktionsmittel für Zinkoxid ZnO sind z. B. die gegenüber Zink unedleren Metalle Mangan, Aluminium und Magnesium.
Geignete Reduktionsmittel für Bleioxid sind z. B. die gegenüber Blei unedleren Metalle Nickel, Zinn und Eisen.

b) Redoxreaktion von Zinkoxid mit z. B. Magnesium:
Oxidation: $Mg \longrightarrow Mg^{2+} + 2\,e^-$
Reduktion: $ZnO + 2\,e^- \longrightarrow Zn + O^{2-}$
Redoxreaktion: $ZnO + Mg \longrightarrow Zn + MgO$

Redoxreaktion von Bleioxid mit z. B. Eisen:
Oxidation: $Fe \longrightarrow Fe^{2+} + 2\,e-$
Reduktion: $PbO + 2\,e^- \longrightarrow Pb + O^{2-}$
Redoxreaktion: $PbO + Fe \longrightarrow Pb + FeO$

c) Eisen reduziert Bleioxid, nicht aber Zinkoxid, weil Eisen unedler als Blei, aber edler als Zink ist.

A6

a) Gold – ~~Eisen~~ – Silber – Platin	Eisen ist kein Edelmetall.
b) Aluminium – ~~Kupfer~~ – Lithium – Magnesium	Kupfer ist kein Leichtmetall.
c) Rost – Zinkoxid – Magnesiumoxid – ~~Silber~~	Silber ist kein Oxid.
d) Stahl – ~~Aluminium~~ – Bronze – Messing	Aluminium ist keine Legierung.
e) Blei – Eisen – Magnesium – ~~Quecksilber~~	Quecksilber ist flüssig / nicht fest bei Zimmertemperatur.
f) ~~Silber~~ – Zink – Magnesium – Eisen	Silber ist kein unedles Metall.

ZUM ÜBEN UND WEITERDENKEN

A7

a) Reaktionsgleichung für die thermische Zerlegung von Silberoxid:
$2\ Ag_2O\ (s) \longrightarrow 4\ Ag\ (s) + O_2\ (g)$

b) Energiediagramm für die thermische Zerlegung von Silberoxid:

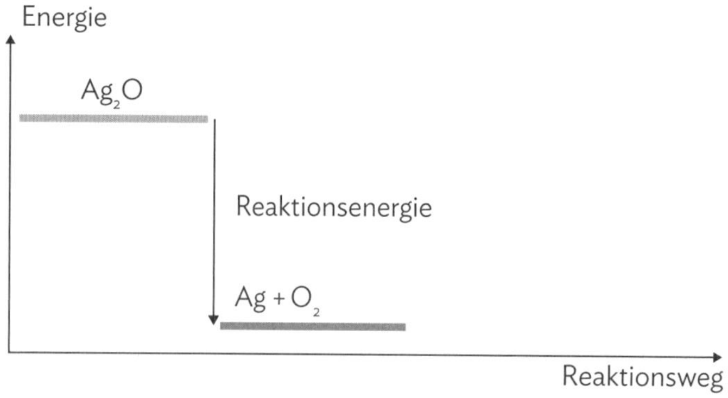

A8

Oxidationsmittel	+	Reduktionsmittel	$\longrightarrow$	Reduktionsprodukt	+	Oxidationsprodukt
CuO	+	Zn	$\longrightarrow$	Cu	+	ZnO
ZnO	+	Mg	$\longrightarrow$	Zn	+	MgO
FeO	+	Mg	$\longrightarrow$	Fe	+	MgO
$2\ PbO$	+	C	$\longrightarrow$	$2\ Pb$	+	CO_2

A9

In die goldsalzhaltige Lösung kann ein Stück eines Metalls, das unedler als Gold ist, getaucht werden, z. B. ein Stück Kupfer. Auf diesem bildet sich dann ein Goldbelag, die Gold(III)-Kationen Au^{3+} werden dabei zu Gold reduziert und das Kupfer wird zu Kupfer(II)-Kationen Cu^{2+} oxidiert:
$2\ Au^{3+}\ (aq) + 3\ Cu\ (s) \longrightarrow 2\ Au\ (s) + 3\ Cu^{2+}\ (aq)$

A10

Reduktion: Teilreaktion einer Redoxreaktion, bei der die Elektronenaufnahme erfolgt
Elektronenabgabe: Übertragung der Teilchen (Elektronen) bei der Oxidation
Metalloxid: Stoffgruppe, die bei der Verbrennung von Metallen entsteht
Reduktionsmittel: Reaktionspartner, der bei einer Redoxreaktion Sauerstoff aufnimmt bzw. Elektronen abgibt
Oxide: Verbrennungsprodukte von Metallen und Nichtmetallen
Thermitschweißen: Redoxreaktion, bei der Aluminium als Reduktionsmittel benutzt wird, um Eisenoxid zu Eisen zu reduzieren
Elektronenaufnahme: Übertragung der Teilchen (Elektronen) bei der Reduktion
Oxidation: Teilreaktion einer Redoxreaktion, bei der die Elektronenabgabe erfolgt
Edukte: Stoffe vor einer chemischen Reaktion
Oxidationsmittel: Reaktionspartner, der bei einer Redoxreaktion Sauerstoff abgibt bzw. Elektronen aufnimmt
Reduktionsprodukt: Stoff/Teilchen, der/das bei einer Redoxreaktion aus dem Oxidationsmittel entsteht
Oxidationsreihe: Abfolge von Metallen mit einer abgestuften Affinität zu Sauerstoff
Oxidationsprodukt: Stoff/Teilchen, der/das bei einer Redoxreaktion aus dem Reduktionsmittel entsteht

A11 **a)**

	Stahl	Roheisen
Kohlenstoffgehalt in %	0,5 bis 1,7	3,2 bis 3,6
Eigenschaften	plastisch verformbar, zugfest, schmiedbar, schweißbar	Formgebung durch Gießen, geringe Bruch- und Schlagfestigkeit, hart aber spröde

b) Zum einen wird der bei der Stahlherstellung benutzte Eisenschrott auf diese Weise recycelt. Zum anderen nutzt man den Sauerstoff aus dem Eisenschrott, zusätzlich zu dem aus der Luft, zur Oxidation der Begleitelemente des Roheisens.

A12 V2A-Stahl ist ein nichtrostender („rostfreier") Stahl mit mehr als 10,5 % Chrom-Anteil. Er zeichnet sich durch eine hohe Zähigkeit und damit eine schlechte Zerspanbarkeit sowie durch eine schlechte elektrische und Wärmeleitfähigkeit aus. Zudem hat er eine hohe Beständigkeit gegen Korrosion und Säuren, was ihn für die Verwendung für Waschmaschinenteile besonders vorteilhaft macht.

A13 Größengleichung für den Zusammenhang von Masse *m*, Stoffmenge *n* und Molarer Masse *M*: $M = m : n$

a) Masse von 6 mol Kupfer Cu: $m(Cu) = M(Cu) \cdot n(Cu) = 63{,}5$ g/mol · 6 mol = 381 g

b) Stoffmenge von 112 g Calciumoxid CaO: $n(CaO) = m(CaO) : M(CaO) = 112$ g : 56,1 g/mol = 2 mol

A14 Die Stoffmenge von 10^{25} Teilchen ist n = 16,6666 mol.

A15 **a)** Masse von 3 mol Eisen(II)-oxid FeO: $m(FeO) = 216$ g

b) Masse von $12 \cdot 10^{23}$ Wasser-Molekülen: $m(H_2O) = 36$ g

c) Masse von 0,001 mol Gold: $m(Au) = 0{,}197$ g

d) Masse von $1{,}2 \cdot 10^{24}$ Helium-Atomen: $m(He) = 8$ g

e) Masse von 5 mol Zinn: $m(Sn) = 595$ g

A16 **a)** $2\,Zn\,(s) + O_2\,(g) \longrightarrow 2\,ZnO\,(s)$

b) Nach der Reaktionsgleichung (vgl. a) werden aus 2 mol Zink Zn auch 2 mol Zinkoxid ZnO gebildet, folglich enstehen aus x mol Zink auch x mol Zinkoxid.
$n(ZnO) = m(ZnO) : M(ZnO) = 10$ g : 81,4 g/mol = 0,123 mol
$n(ZnO) = n(Zn) = 0{,}123$ mol
$m(Zn) = n(Zn) \cdot M(Zn) = 0{,}123$ mol · 65,4 g/mol = $m(Zn) = 8{,}04$ g
Für die Herstellung von 10 g Zinkoxid werden 8,04 g Zink benötigt.

A17 Reaktionsgleichung für die Bildung von Zinksulfid ZnS aus den Elementen:
$Zn\,(s) + S\,(s) \longrightarrow ZnS\,(s)$

a) Nach der Reaktionsgleichung reagieren Zink Zn und Schwefel S im Stoffmengenverhältnis 1 : 1.
$n(S) = m(S) : M(S) = 5$ g : 32,1 g/mol = 0,156 mol
$n(Zn) = n(S) = 0{,}156$ mol
$m(Zn) = n(Zn) \cdot M(Zn) = 0{,}156$ mol · 65,4 g/mol = 10,2 g
Für die Reaktion mit 5 g Schwefel werden 10,2 g Zink benötigt.

ZUM ÜBEN UND WEITERDENKEN

M1 Das Metallquartett

Schulbuchseite 294

A1 Offene Antworten bzw. Gestaltungen und freies Spiel.

M2 Titan – „der weiße Riese“

Schulbuchseite 294

A1

Eigenschaften von Titan	Verwendung von Titan
zähes, silbrig glänzendes Metall mit matter Oxidschicht	Schmuck- und Uhrenindustrie
Leichtmetall mit einer Dichte von 4,51 g/cm³ mit guten mechanischen Eigenschaften	Bau von Hochleistungsflugzeugen, Autofelgen und Fahrrädern
gute Verträglichkeit im Körper	Implantate
gebunden in der Verbindung Titandioxid, die ungiftig ist	Weißpigment in Farben, Lacken, Kosmetik und in Zahnpasta

A2 Titan ist ein besonders leichtes Metall (geringe Dichte), das als extrem hochwertig bei Brillen gilt. Eine Brille aus Titan ist besonders unanfällig gegen äußere Einflüsse. Ein Rosten ist ausgeschlossen. Eine Brille mit einer Titanlegierung sieht sehr schick aus und übersteht auch starke Belastungen. Titan ist sehr hautfreundlich.

A3 **a)**

Name	Nitinol steht für "Nickel Titanium Naval Ordnance Laboratory".
Entwicklung	Nitinol wurde im Jahr 1958 im Naval Ordnance Laboratory (USA) entwickelt.
Zusammensetzung	Die Legierung besteht zu ca. 55% aus Nickel, der Rest ist Titan.
Dichte	6400 kg/m³
Schmelzbereich	1240 bis 1328 °C
besondere Eigenschaft	Die besondere Eigenschaft von Nitinol ist der sogenannte Memory-Effekt: Formgedächtnis-Legierungen werden oft auch als Memory-Metalle bezeichnet. Dies rührt von dem Phänomen her, dass sie sich an eine frühere Formgebung trotz nachfolgender starker Verformung scheinbar „erinnern“ können.
Verwendung	Umwandlung von thermischer in mechanische Energie, zum Antrieb kleiner Maschinen sowie Einsatz in der Medizintechnik (Brillengestellen)

b) Die Büroklammer nimmt ihre ursprüngliche Form wieder an.

M3 Aluminium - das vielseitige Metall mit Zukunft

Schulbuchseite 295

A1

Aluminiumkoffer: leicht (geringe Dichte von 2,71 g/cm^3), formbeständig
Aluminiumfelgen: leicht (geringe Dichte von 2,71 g/cm^3), formbeständig, korrosionsbeständig
PC-Gehäuse: leicht (geringe Dichte von 2,71 g/cm^3), formbeständig, korrosionsbeständig

A2

Energieverbrauch bei der Aluminiumherstellung:
Bei der Herstellung einer Tonne Aluminium werden durchschnittlich 15.700 kWh verbraucht.
Der Energieverbrauch von einer Tonne Aluminium ist viermal so hoch wie der für die Produktion von einer Tonne Papier.
Nachteile des Aluminiumrecyclings: Eine sortenreine Abtrennung des Metalls und der Aluminiumlegierungen ist schwierig und kostspielig.
Vorteile des Aluminiumrecyclings: Rohstoff- und Energieeinsparung, saubere Umwelt

Bewertung: Die Vorteile überwiegen den Nachteil. Recycling von Aluminium ist nachhaltig, allerdings ist eine Verbesserung des Materialrecyclings erforderlich.

A3

Aluminium reagiert an der Oberfläche sehr leicht mit Sauerstoff, dabei entsteht Aluminiumoxid, das eine schützende Schicht für das darunterliegende Aluminium bildet, daher sind Gegenstände aus Aluminium haltbarer.

A4

$2\,Al_2O_3\,(l) + 3\,C\,(s) \longrightarrow 4\,Al\,(l) + 3\,CO_2\,(g)$ | endotherm

a) Oxidation: $3\,C \longrightarrow 3\,C^{4+} + 12\,e^-$
Reduktion: $4\,Al^{3+} + 12\,e^- \longrightarrow 4\,Al$

b) Berechnung der Masse von Aluminiumoxid, die zur Herstellung von einer Tonne Aluminium benötigt wird:
$M(Al) = m(Al) : n(Al); n(Al) = m(Al) : M(Al) = 1000\,000\ g : 27\ g/mol = 37037{,}04\ mol$
$n(Al_2O_3) : n(Al) = 2 : 4 = ½\ n(Al) = ½\ 37037{,}04\ mol = 18518{,}52\ mol$
$m(Al_2O_3) = M(Al_2O_3) \cdot n(Al_2O_3) = 102\ g/mol \cdot 18518{,}52\ mol = 1888889{,}04\ g = 1{,}89\ t$
Zur Herstellung von einer Tonne Aluminium werden 1,89 t Aluminiumoxid benötigt.

ZUM ÜBEN UND WEITERDENKEN

M4 Redoxreaktionen ohne Beteiligung von Sauerstoff — Schulbuchseite 295

A1 Bildung von Natriumchlorid NaCl aus den Elementen Natrium Na und Chlorid Cl:

Oxidation: $Na \longrightarrow Na^+ + e^-$ $\quad | \cdot 2$
Natrium-Atome Na werden unter Elektronenabgabe zu Natrium-Kationen Na^+ oxidiert.
Reduktion: $Cl_2 + 2\,e^- \longrightarrow 2\,Cl^-$
Chlor-Moleküle Cl_2 werden unter Elektronenaufnahme zu Chlorid-Anionen Cl^- reduziert.
Redoxreaktion: $Na + Cl_2 \longrightarrow 2\,NaCl$

A2 Reaktionsgleichung für die Bildung von Silbersulfid Ag_2S:
$2\,Ag\,(s) + S\,(s) \longrightarrow Ag_2S\,(s)$

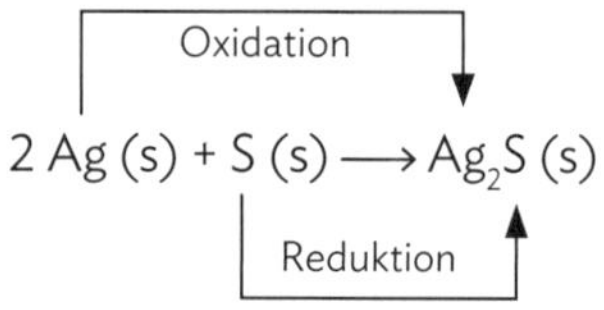

Oxidationsmittel: Schwefel S
Reduktionsmittel: Silber Ag

A3 Die Reaktionsgleichung für die Reaktion von Brom mit Aluminium zu Aluminiumbromid ist:
$2\,Al + 3\,Br_2 \longrightarrow 2\,AlBr_3$
Dabei wird Aluminium oxidiert, Aluminium-Atome Al geben je 3 Elektronen ab und werden zu Aluminium-Kationen Al^{3+}, und Brom wird reduziert, Brom-Moleküle Br_2 nehmen pro Brom-Atom 1 Elektron auf und werden zu Bromid-Anionen Br^- reduziert. Insgesamt findet also bei dieser Reaktion eine Elektronenübertragung statt, es handelt sich um eine Redoxreaktion.

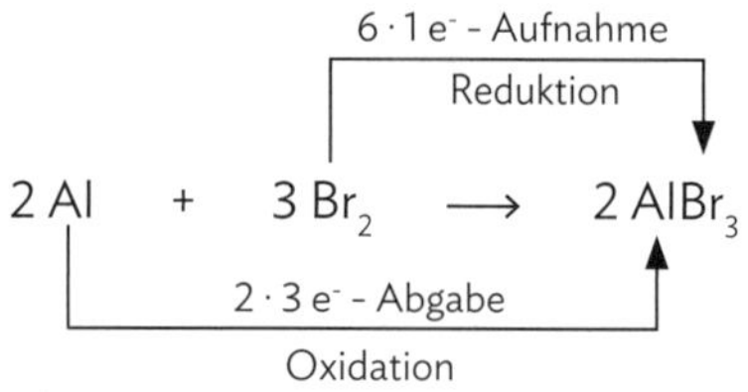